AF552000

Schirner
Verlag

DIRK GROSSER

DAS TAO DES DRACHEN

FURCHTLOS UNSER WAHRES SELBST LEBEN

Die Ratschläge in diesem Buch sind sorgfältig erwogen und geprüft. Sie bieten jedoch keinen Ersatz für kompetenten medizinischen Rat, sondern dienen der Begleitung und der Anregung der Selbstheilungskräfte. Alle Angaben in diesem Buch erfolgen daher ohne Gewährleistung oder Garantie seitens des Autors oder des Verlages. Eine Haftung des Autors bzw. des Verlages und seiner Beauftragten für Personen-, Sach- und Vermögensschäden ist daher ausgeschlossen.

ISBN Printausgabe 978-3-8434-1152-3
ISBN E-Book 978-3-8434-6174-0

Dirk Grosser:
Das Tao des Drachen
Furchtlos unser
wahres Selbst leben

Umschlag: Simone Fleck, Schirner, unter Verwendung von # 65648188 (Surachai), www. shutterstock.com
Redaktion: Claudia Simon, Schirner
Satz: Simone Fleck, Schirner
Printed by: Ren Medien GmbH, Germany

www.schirner.com

2. Auflage Februar 2015

FÜR CAJA UND LALE

INHALT

VORWORT

Seit jeher begeben sich Menschen auf Wanderungen, wenn sie sich über etwas in ihrem Leben Klarheit verschaffen möchten. Der Pilger geht nicht nur, um an seinem Ziel anzukommen, sondern er begibt sich vor allem auch auf einen inneren Weg. Nicht selten begegnet er auf seinem Weg unvorhergesehenen Herausforderungen, die ihn auf die Probe stellen und ihn schließlich in seinem Selbst, seiner Kraft, seiner Weisheit, seiner Flexibilität und auch seiner Herzensgüte reifen lassen. Die Wanderung wird zu einem wahren Initiationsprozess, der ihn Schritt für Schritt ins Hier und Jetzt führt und ihn das Heilige in allen Dingen entdecken lässt. Die wahren Geschenke der Reise offenbaren sich auf dem Weg. Schritt für Schritt erleben wir den puren Moment, so, wie er ist. In diesem einen Moment offenbart sich die gesamte Fülle des Universums – der Natur in uns und um uns herum. Und plötzlich ist die Trennung, die wir bis dahin aufgrund unseres recht engen und geschäftigen Lebens verspürten, aufgehoben. Wir spüren wieder, dass wir wirklich leben und permanent mit allem verbunden sind. Wir sind Teil des großen Ganzen. Wir sind angekommen, jetzt, in diesem Augenblick, und waren es schon immer. Doch manchmal braucht es eine Reise von vielen Kilometern, bis wir dieses Ankommen, dieses Sein im gegenwärtigen Augenblick wirklich (er)leben können. Und plötzlich ist es nicht mehr wichtig, irgendwo hinzukommen. Es ist nur noch wichtig, da zu sein, in

jedem einzelnen Moment unseres Lebens. Mit jedem Schritt den Boden unter uns zu fühlen und uns mit der Kraft zu verbinden, die uns die Erde, der gegenwärtige Moment, das Tao schenkt und die immer in uns vorhanden ist. Sinnbild für diese Kraft, Lebendigkeit und Weisheit ist der Drache. Wer mit seiner eigenen Kraft nicht vertraut ist, kann durchaus Scheu davor haben und sie unterdrücken. Als Folge daraus erleben wir Frustration, Mangel, Leere, Depressionen, Ängste, unkontrollierte Wutausbrüche, die sich nicht selten in unserem Körper als sogenannte psychosomatische Störungen manifestieren. »Furchtlos unserer wahres Selbst leben« ist die Einladung, sich mit seiner eigenen Lebendigkeit, seiner Drachenkraft, -weisheit und -furchtlosigkeit wieder zu verbinden, sie kennen- und leben zu lernen, sodass sie uns hilft, zu lieben und zu heilen.

Es ist mir eine große Ehre, das Vorwort für dieses zauberhafte Buch zu schreiben, denn es hat mich tief berührt, gerade durch seine unmittelbare Erfahrbarkeit und Herzensnähe. Dirk Grosser versteht es, hoch komplexe Themen einfach und unterhaltsam erfahrbar zu machen. Er knüpft dabei gekonnt an die Jahrtausende alte Tradition der Erzählkunst großer Meister an. Statt philosophische Betrachtungen anzuführen oder komplizierte Texte zum Tao zu zitieren, nimmt er uns einfach mit auf eine Reise, die schnell zu unserer eigenen wird. Wir begeben uns auf Wanderschaft auf der Suche nach uns selbst, nach unserer Weisheit, Stärke und Unverwundbarkeit – unserer Drachenkraft, die in jedem von uns schlummert und darauf wartet, erwachen zu dürfen. Wir lernen, unsere eigene Natur in uns zu erfahren und in uns wohnenden Qualitäten wie Achtsamkeit, Weisheit und Mitgefühl zu entdecken. Ganz nebenbei heilt auf diesem Weg unsere Seele. Die anschließenden Betrachtungen und praktischen Meditationsübungen zu den einzelnen Drachenaspekten lassen uns direkten Kontakt zu unseren Qualitäten erfahren und schaffen den Transfer des Gelesenen in unser alltägliches Erleben. Dies alles lässt uns ankommen im Hier und Jetzt, ankommen im natürlichen Lauf der Welt. So einfach kann es sein. Stille wird in Ihnen reifen, aus der heraus Sie furchtlos Ihr wahres Selbst leben können.

MEINE EMPFEHLUNG:
Lesen Sie dieses Buch! Es wird Sie beschenken.
Ich wünsche Ihnen aus ganzem Herzen viel Freude auf Ihrem ganz persönlichen Weg in Ihre Drachenkraft.

Maren Schneider
Autorin von *Stressfrei durch Meditation* und *Seelenstärke*

EINLEITUNG

Ein gewaltiges Wesen mit dem Körper einer Schlange, der Mähne eines Löwen, den Klauen eines Adlers und dem Geweih eines Hirsches. In seinem Bauch das Lachen der Welt, in seinen Augen goldene Funken des gegenwärtigen Moments. Weisheit und Wärme in seiner Stimme, Frieden und Freude in seinem Lied. In einem Augenblick ruhig und von tiefer Stille erfüllt wie ein Fels, im nächsten sich absichts- und mühelos in die Lüfte schwingend. Der asiatische Drache ist Symbol der Naturkräfte in ihrem freien Spiel und somit gleichzeitig Symbol der Kräfte, die in uns lebendig sind oder vielleicht teilweise schlummern und darauf warten, geweckt zu werden.

Er ist ganz er selbst. Furchtlos nimmt er seinen Platz ein, gibt sich dem Rhythmus des Lebens und der Jahreszeiten hin, fließt wie ein Fluss und liebt den Morgennebel ebenso sehr wie die Abenddämmerung. Er gleitet durch den Himmel, ohne eine Spur zu hinterlassen, nimmt achtsam alles wahr, was ihn umgibt und was in ihm vorgeht, sieht und spürt das Tao in der Welt wirken und weiß, dass er nicht getrennt ist von dem großen Geheimnis, das alles Leben hervorbrachte. Sein Flug durch die Wolken bringt den Menschen und ihren Feldern den ersehnten Regen – doch macht er dies nicht, weil er meint, eine Aufgabe erfüllen zu müssen, sondern einfach, weil es seiner Natur entspricht. Es ist seine Art, zu fliegen und zu spielen, zu ruhen und zu atmen, zu sehen und zu lieben.

Sein Wesen der gelassenen Stärke und humorvollen Güte erinnert uns Menschen daran, was es heißt, ein Teil der Natur zu sein. Auch wir können unsere innere Mitte finden und furchtlos unser wahres Selbst leben. Wie ein Drache können auch wir das Walten des Tao in allen Dingen vernehmen, die Stille in uns reifen lassen, dem Weg der Natur folgen und Himmel und Erde in uns vereinen.

Das Bild des Drachen soll uns daher in diesem Buch als Beispiel dienen, wie man ein solches Leben führen kann. Wir werden einerseits einen Wanderer begleiten, der verschiedenen Drachen begegnet und von ihnen den Weg des Tao anschaulich vorgelebt bekommt. Andererseits werden wir auch immer wieder Bezug auf Traditionen nehmen, wie sie in China, Tibet und Japan noch heute vorzufinden sind, und auf die Schriften, die große taoistische Meister wie Laotse oder Tschuang-tse[1] uns hinterlassen haben.

Ich weiß nicht, ob Laotse oder Tschuang-tse jemals Drachen begegnet sind, gehört hatten sie von ihnen aufgrund der Tradition, die sie umgab, sicherlich. Die Drachen sind mit der alten chinesischen Kultur untrennbar verbunden. Es gibt sogar Legenden, in denen die Drachen als Urahnen der Chinesen angesehen werden, während andere Geschichten davon sprechen, dass die himmlischen Drachen die heiligen Lehren des Taoismus beschüt-

1 Da die chinesische Sprache der unseren doch recht fremd ist, haben sich auch bei Eigennamen in den letzten Jahrhunderten verschiedene Schreibweisen entwickelt. So wird Laotse manchmal auch Lao-Tse oder auch Laozi geschrieben, während Tschuang-tse auch als Dschuang Dsi oder Zhuangzi bekannt ist. Auch das Tao Te King wird manchmal Daodejing geschrieben.

zen. Einige Kaiser und auch einige taoistische Lehrer wurden als Drachen bezeichnet, ein Ehrentitel, der ihre große Weisheit zum Ausdruck bringen sollte.

Konfuzius, einer der einflussreichsten Philosophen des alten China, sagte nach seiner Begegnung mit Laotse zu seinen Schülern: »Ich weiß, dass Vögel fliegen, dass Fische schwimmen und Wild laufen kann. Und was rennt, kann man zusammentreiben, was schwimmt, ist mit Netzen zu fangen, und für das, was fliegt, kann man Pfeile benutzen. Was aber den Drachen betrifft, der auf Wind und Wolken reitet, so weiß ich nicht, wie ich ihn erfassen soll. Ich habe heute Laotse gesehen – und wahrlich: Er gleicht diesem Drachen[2]!«

In der Tat sind sowohl Laotse selbst als auch das Tao Te King, die grundlegende Schrift des Taoismus, schwer zu greifen. In den 81 Versen, die Laotse der Legende nach verfasst haben soll, als er China verließ und ihn ein Grenzposten um eine Zusammenfassung seiner Lehren bat, bleibt manches im Dunkeln, wird vieles nur angedeutet. Laotses Biografie ist ebenso rätselhaft wie sein Name, der übersetzt nur »der alte Meister« bedeutet und keine Rückschlüsse auf seine Person und seine Geschichte zulässt. Dennoch ist das Tao Te King seit über 2500 Jahren das meistgelesene Buch auf Erden und begleitet unzählige Menschen auch heute noch.

Meines Erachtens ist es trotz seines Alters hochaktuell, denn vieles, was Laotse anspricht, spielt auch in unserem modernen Leben eine Rolle. Weisheit hat kein Verfallsdatum, und die Gedan-

2 vgl. Matthias Claus: *Laotse und das Tao Te King*

ken des alten Meisters überwinden mit Leichtigkeit den räumlichen und zeitlichen Abstand, der uns von ihnen trennt.

Die chinesische Spiritualität ist sehr auf das Diesseits ausgerichtet, was sie mir sehr sympathisch macht. Besonders im frühen Taoismus geht es nicht um Erlösung oder Weltflucht, sondern um eine Kunst des Lebens im Hier und Jetzt. Es geht um das Erkennen des Tao und des naturgemäßen Laufs der Welt – und darum, mit diesem Geschehen im Einklang zu sein.

Der Drache verkörpert genau diesen Einklang, und ich hoffe, dass die Episoden der Rahmenhandlung, die Erläuterungen und die Übungen in diesem Buch dazu beitragen können, die Kunst des Lebens und den Weg des Tao in einer Weise zu vermitteln, die uns freudvolle innere Stille schenkt.

Möge der Herzschlag des Drachen
uns den Rhythmus der Welt zeigen.
Mögen wir einstimmen in das große Lied,
das seit Anbeginn aller Zeiten ertönt,
und mögen wir den Mut und die Kraft finden,
unseren ganz eigenen Weg in Einklang mit allem zu gehen.
Mögen wir eine ganz besondere Note in der Melodie des Tao sein,
die leise über Seen und Wälder schwebt,
den Ruf des Kranichs und die Stille der Berge erfüllt
und die niemals, niemals enden wird.

Dirk Grosser
Sommer 2014

DRACHEN IN OST UND WEST

Drachen gehören sowohl zur Mythologie des Westens als auch zu der des Ostens. Hier wie dort sind es große und mächtige Wesen, klauenbewehrt, mit Fangzähnen und Hörnern. Doch in der Symbolik und auch im Aussehen gibt es gravierende Unterschiede. Während hier im Westen die Drachen als gefährliche Bestien dargestellt werden, die Jungfrauen rauben und gierig über gewaltige Schätze wachen, sind die Drachen in Asien meist freundlicherer Natur und werden dort mit positiver Lebenskraft und Fruchtbarkeit in Verbindung gebracht. Vermutlich waren die Drachen in unseren Breitengraden einmal ähnlich verehrte Kreaturen wie in asiatischen Ländern. Im Zuge der Christianisierung und der damit einhergehenden Entwertung der Erdkraft und der natürlichen Prozesse des Lebens wurden sie jedoch immer mehr zu Symbolen für die inneren Kräfte oder auch die Schatten des Menschen, die es laut dem neuen Weltbild zu überwinden galt.

Oft sind Menschen aus dem asiatischen Raum regelrecht schockiert, wenn sie unsere mittelalterlichen Bilder von Drachentötern sehen, die in glänzender Rüstung vermeintliche Untiere erlegen.

Die chinesische Philosophie und Spiritualität ging schon immer anders mit den Schatten um. Das Symbol des Yin und Yang, in dem in der hellen Fläche immer auch ein wenig Dunkelheit vorhanden ist, während auf der dunklen Seite auch das Helle hindurchschimmert, ist sicherlich das bekannteste Zeichen dieser Weltsicht, die nichts ausschließt.

So ist der Drache im asiatischen Kulturraum zwar ein gewaltiges Wesen mit furchterregenden Klauen, Zähnen und Hörnern, aber zugleich auch das Symbol für Weisheit und Glück.

Darüber hinaus ist der Drache ein Symbol der Natur, ihrer ungeheuren Kräfte, die absichtslos walten, und an deren Rhythmen wir uns anpassen müssen, wenn wir glücklich und zufrieden leben wollen. Der Drache ist sozusagen das Gegenteil der Entfremdung. Er ist so sehr Teil der Natur, dass er zum Beispiel in China traditionell als ein Geschöpf aus neun verschiedenen Wesen beschrieben wird. Demnach hat er den Kopf eines Kamels, die Hörner eines Hirsches, die Augen eines Teufels, die Ohren eines Ochsen, den Hals einer Schlange, die Pranken eines Tigers, die Klauen eines Adlers, den schuppigen Körper eines Fisches und den Hinterleib einer Muschel. Manchmal wird der Kopf auch als dem eines Wasserbüffels ähnlich beschrieben. Er ist also eine Mischung aus acht Tieren (plus den Augen eines Teufels oder Dämons, was im asiatischen Raum oft auch gleichbedeutend mit Naturgeist ist), somit ganz Natur, aber gleichzeitig darüber hinausweisend. Er ist wie das Tao: die Natur selbst und noch etwas geheimnisvolles anderes, das uns auf immer verborgen bleiben wird. Sein natürlicher Anteil ist hell und strahlend, voller Schönheit und Glanz, vermischt mit einer Prise Dunkelheit, einer Tiefe, die uns unbegreiflich bleibt.

Wie ein Drache genau aussieht, weiß wohl niemand, doch gibt es ein chinesisches Sprichwort, das besagt: »Der Drache hat neun Söhne. Jeder von ihnen ist verschieden.« So können wir wohl davon ausgehen, dass es Drachen in den unterschiedlichsten Varianten gibt. In China gibt es Wasserdrachen, Himmelsdrachen, Erddrachen und Geisterdrachen. In Japan gibt es die sogenannten Ryu, die sich sowohl an Land, im Wasser als auch in der Luft aufhalten können.

Auffällig bei den asiatischen Drachen ist, dass keiner von ihnen Flügel besitzt, obwohl sie fast alle fliegen können. Sie schwingen sich nicht in die Lüfte wie riesige Vögel, sondern durchqueren den Himmel eher wie eine Wasserschlange einen Fluss. Sie winden sich hinauf, »schwimmen« durch die Luft, sind überall ganz in ihrem Element. Sie sind überall so natürlich gegenwärtig, dass die fehlenden Flügel keine Fragen aufwerfen. Vielleicht ist es bei den Drachen so, wie bei dem modernen Mythos über die Hummel, die ja angeblich nicht fliegen kann, weil ihr Körper viel zu groß für die Fläche ihrer Flügel ist. Da sie aber nichts von Aerodynamik und Physik weiß, fliegt sie einfach trotzdem. Und so gleitet auch der Drache ohne Flügel durch die Lüfte, ist dort ebenso zu Hause wie auf dem Land, unter der Erde oder im Wasser.

Er ist ein Bild für das einfache Sein im Augenblick, für ein grenzenloses und unergründliches Leben. Er existiert jenseits unseres Intellekts, und eine Begegnung mit ihm erschüttert unsere Welt, die wir mittels unserer Gedanken sicher eingezäunt glaubten. So schreibt Sakyong Mipham, tibetischer Würdenträger und Leiter von Shambhala International: »Das tibetische Wort für Donner ist *Drukdra* – der Klang des Drachen. Wie Donner weckt uns die

Weisheit des Drachen auf. Er zerschlägt das begriffliche Denken und entwurzelt unsere Unsicherheit.«[3]

Der Drache weckt uns auf, lockt uns aus unserem Denken, das alles analysiert und in Schubladen steckt, hinaus in das Geheimnis des Augenblicks. Wenn wir die Tiefe eines jeden Moments wirklich wahrnehmen können, blicken wir voller Staunen auf eine Welt, die auf innigste Weise mit uns verbunden ist. Zugleich blicken wir auf unsere eigene Grenzenlosigkeit.

Im Königreich Bhutan, das auch *Druk-Gyalkhap* (Drachenreich) genannt wird, symbolisiert der Juwelen haltende Drache, der auch die Nationalflagge ziert, das ganze Universum, das sich in die Unendlichkeit erstreckt. Das Geheimnis breitet sich direkt vor unseren Augen aus. Das Tao ist überall. Doch so offensichtlich es auch ist, so unfassbar ist es auch. Ein Wesen wie ein Drache scheint mir ein passendes Bild für diesen Umstand zu sein.

So erging es wohl auch dem Physiker Brian Swimme, der seinem Buch über unseren Kosmos den Titel »Das Universum ist ein grüner Drache« gab. Er sagt darin: »Ich nenne das Universum einen Grünen Drachen, um uns daran zu erinnern, dass wir niemals fähig sein werden, es durch unsere Sprache erfassen zu können.«[4]

Wo die Sprache nicht reicht, brauchen wir Bilder, Mythen, Märchen, Poesie. Wir brauchen die Kraft der Drachen, die die Augen unseres Herzens öffnet.

3 Sakyong Mipham: *Den Alltag erleuchten,* S. 151/152
4 Brian Swimme: *Das Universum ist ein grüner Drache,* S. 18

DAS TAO

Mit dem Tao verhält es sich ähnlich wie mit dem Universum, in dem wir leben. Es mit Worten beschreiben zu wollen, ist ein hoffnungsloses Unterfangen. Deshalb heißt es schon im ersten Vers des Tao Te King »Das Tao, das mitgeteilt werden kann, ist nicht das ewige Tao. Der Name, der genannt werden kann, ist nicht der ewige Name.«[5] Mit unserer Sprache können wir Dinge beschreiben, Menschen, Tiere, Pflanzen, Zustände, sogar Emotionen. Doch das Tao ist das, worin alle diese Dinge, Menschen, Tiere, Pflanzen, Zustände und Emotionen, auftauchen. Es ist der Urgrund allen Seins, die Leinwand, auf der unser Leben in Tausenden und Abertausenden Farben abgebildet ist. Es ist die Quelle, der alles entstammt, aus der alles in einem lebendigen Prozess hervorsprudelt. Es ist die Stille, in der alle Worte, alle Klänge, alle Musik Raum haben, sich zu entfalten. Es ist die Leere, aus der die Fülle kommt, und es ist die Fülle selbst, das Leben an sich.

Manch einer hat das Wort Tao mit »Weg« zu übersetzen versucht, ein anderer mit »Sinn« oder auch »Sein«. Weil aber alle Wörter

5 Da das Chinesische bei der Übersetzung in europäische Sprachen unglaublich viel Raum zur Interpretation bietet, habe ich mehrere Übersetzungen des Tao Te King benutzt, u. a. von Richard Wilhelm, Stephen Mitchell, Günther Debon und Victor von Strauß (siehe Literaturverzeichnis im Anhang).Wenn ich das Werk des Laotse zitiere, verwende ich in diesem Buch fast immer die Übersetzung von Mitchell, die meines Erachtens am zugänglichsten ist. Zitiere ich eine andere Übersetzung, ist diese in Klammern hinter dem Zitat angegeben.

letztlich unzureichend sind, um das Tao zu beschreiben, bleibt man am besten bei »Tao«, weil dieser Begriff mit seinem für uns fremden Klang uns nur auf etwas hinweist, anstatt es zu definieren. In diesem Wort oder Klang bleibt der Charakter des Unerklärlichen erhalten. Mit jeder Verwendung dieses Wortes können wir uns bewusst machen, dass wir über etwas sprechen, für das Worte niemals reichen werden. Das ist der Grund, warum ein Autor, der über das Tao schreibt, die Fähigkeit besitzen sollte, über sich selbst zu lachen. Im letzten Vers des Tao Te King heißt es: »Wer weise ist, hat es nicht nötig, seine Ansicht darzulegen; wer es nötig hat, seine Ansicht darzulegen, ist nicht weise.« Das tut weh, aber keine Sorge: Ich komme darüber hinweg.

Alle oben genannten Erklärungsversuche – Urgrund, Quelle, Stille, Raum, Leere, Fülle, das Leben an sich, Weg, Sinn, Sein – sind Hilfen, die es unserem Verstand erleichtern, einen Zugang zu diesem großen Geheimnis zu finden. Doch das Tao ist weitaus mehr, als alle diese Wörter vermuten lassen. Zu unserer großen Erleichterung ist das Tao aber auch kein kompliziertes philosophisches Konzept. Wenn wir die Wörter für einen Moment hinter uns lassen können, wird uns das Tao mit seiner herausragendsten Eigenschaft begegnen: Einfachheit.

Das Tao *ist*. Es ist ein Feld der unendlichen Möglichkeiten, das uns umgibt und durchdringt. Es ist das Sein, welches sich so zeigt, wie es ist. Jetzt. Unmittelbar.

Das Tao können wir nicht durch Denken ergründen. Wir können es eher erfahren, wenn wir unseren Blick über einen im Morgennebel liegenden See schweifen lassen, still atmen, ein Lächeln sich auf unserem Gesicht ausbreitet und mitten in diese tiefe

Stille hinein der Ruf eines vorüberfliegenden Kranichs ertönt. In solch einem Moment wird uns die Berührung des Tao bewusst. Wir sind umgeben und durchdrungen von etwas Unbeschreiblichem, dem vielleicht noch die Poesie nahekommt oder eine gehauchte Melodie auf einer Bambusflöte. Wir sind Teil eines großen Tuschebildes, das sich selbst immer weiter malt und in Schönheit entfaltet. Wir, der See, der Nebel, die aufgehende Sonne und der Kranich leben im Tao und sind das Tao.

GANZ NATÜRLICH WIR SELBST SEIN

Die frühen Lehrer des Taoismus waren vor allem eins: Meister in der Kunst, ganz sie selbst zu sein. Sie lebten in einem gesunden Gleichgewicht zwischen aktiver Teilhabe an der Welt und meditativer Zurückgezogenheit. Sie gingen erfolgreich ihren Geschäften nach und hatten dennoch die Muße, sich an einen Fluss zu setzen, ein wenig Flöte zu spielen, die Bewegungen des Wassers zu beobachten und den Geräuschen der Natur zu lauschen. Sie ließen sich von nichts und niemandem vereinnahmen, übernahmen Verantwortung für sich und die Menschen, die sie liebten, ließen sich aber vor keinen politischen Karren spannen und lehnten öffentliche Ämter rigoros ab.

Sie schenkten der Welt ein Lächeln, weil sie wussten, dass alles, was sie umgab, aus dem Tao geboren war. Das Tao, das alles durchdringt und erhält – jedes Lebewesen, jede Handlung, jedes Geschehen.

Ihre Philosophie war kein akademischer Wettbewerb, sondern der Versuch, eine wahre Lebenskunst zu formulieren, die darauf abzielte, sich selbst und allem, was existiert, den Raum für eine naturgemäße Entwicklung zuzugestehen. Über ein Leben, wie wir es im modernen Westen führen, hätten sie nur den Kopf geschüttelt. Keinem der taoistischen Meister wäre es eingefallen, durch seine Tage zu hetzen, um möglichst viel zu erledigen und möglichst viele materielle Güter anzuhäufen. Viele der großen Meister waren nach unserem heutigen Verständnis arm. Doch sie hatten Zeit. Zeit, um die Dinge zu tun, zu denen ihre Seele und ihr Herz sie führten, und Zeit, um genau mit diesen Dingen glücklich zu sein. Somit waren sie in Wahrheit sehr reiche Menschen, denen bewusst war, dass sie in einem immerwährenden Augenblick lebten, von dem sie übertriebenes Streben nach Besitz oder Ruhm nur entfernt hätte. Das Tao Te King fasst ihr Verhältnis zur Welt kurz und treffend zusammen: »In der Arbeit: Tu, was dir Freude bereitet. In der Familie: Steh voll und ganz zur Verfügung.« (Vers 8) »Jage Geld und Sicherheit nach, und dein Herz wird sich niemals öffnen. Sorge dich um den Beifall der Leute, und du wirst ihr Gefangener sein.« (Vers 9)

Sie waren nicht beleidigt, wenn man sie ob dieser Einstellung schmähte und als Narren oder Faulpelze bezeichnete. Ihr Glück wurde von solchen Dingen nicht berührt. Sie ruhten in sich selbst und gingen ihre eigenen Wege.

Dabei waren sie nicht Menschen, die meinten, den »Willen« des Tao erklären zu können, denn das hätte bedeutet, das Tao mit einem Gott als Person zu verwechseln. Im Unterschied zu solch einer Gottesvorstellung hat das Tao keinen Willen, keinerlei Absichten. Das Tao entfaltet sich einfach, ganz natürlich aus sich selbst heraus, und die taoistischen Meister entfalteten sich mit ihm. Wenn man das Tao mit religiösen Begriffen des Westens umschreiben möchte, dann vielleicht am ehesten mit dem unpersönlichen Gottesbild der Mystik, mit dem Urgrund, aus dem alles hervorgeht. Das war wohl auch der Aspekt des Taoismus, der kontemplative Christen wie beispielsweise Thomas Merton[6] anzog. Aber wie gesagt, am besten ist es wohl, gar keine Vergleiche heranzuziehen und das Tao so sein zu lassen, wie es ist. So haben es auch die taoistischen Meister getan – und waren gerade deshalb genau das: Meister!

Alles, was sie taten, taten sie aus ihrer Mitte heraus. Sie ließen sich nicht von einer auf Erfolg und Wohlstand getrimmten Gesellschaft treiben, sie hatten es aber auch nicht auf sogenannten spirituellen Fortschritt abgesehen. Ihr offenes Geheimnis war: Sie hatten es auf nichts abgesehen! Sie lebten einfach, ließen den Augenblick geschehen, ließen das Wunder sich entfalten, ohne es aufhalten oder beschleunigen zu wollen. Sie sahen dem Gras beim Wachsen zu, ohne an ihm zu ziehen und ohne es jeden Samstag mähen zu wollen.

Sie kannten das Zauberwort »Genug« sowohl in materieller Hinsicht als auch in jedem Bereich des Lebens, der ansonsten durch Streben und Ehrgeiz gekennzeichnet war. Ihnen war bewusst, dass ein zu starkes Wollen nur zu Verkrampfung führt und uns nur unglücklich macht. Deshalb waren sie Meister der Zufriedenheit und freuten sich an dem, was das Leben ihnen schenkte oder was ihre ehrliche Arbeit ihnen an bescheidenem Auskommen bot. Sie hielten sich fern von den Machtzentralen ihrer Zeit und den mit ihnen verbundenen Aufgaben, bei denen es nur um Status und Ansehen ging. Über solche Dinge äußerten sie sich oft mit

6 Thomas Merton (1915–1968) war ein amerikanischer Mönch des Trappisten-Ordens und ein christlicher Mystiker, der sich sehr früh für den Dialog zwischen den spirituellen Traditionen des Ostens und des Westens einsetzte. U.a. übersetzte er Texte des Tschuang-tse ins Englische (siehe Literaturverzeichnis).

unverhohlenem Spott. Stattdessen halfen sie lieber dem Nachbarn bei der Reparatur seines Daches oder erzählten den Kindern Geschichten voller Weisheit und Lachen. Sie kümmerten sich um das Naheliegende, um das, was das Tao in diesem Moment in den Fokus ihres Bewusstseins spülte.

Sie lebten so nah an der Natur, wie es nur ging, da sie dort mehr Weisheit vermuteten als in der Welt der Politik und der Machtkämpfe der Menschen. Dennoch waren sie keine völlig zurückgezogenen Einsiedler, die die menschliche Gesellschaft verachteten. Die frühen taoistischen Weisen waren Teil der Welt, ließen sich von ihr aber nicht herumschubsen. Selbstbestimmung in Einklang mit der Natur und dem Tao, der allem zugrunde liegenden Quelle, war ihr erklärtes Ziel.

Aus dieser Unabhängigkeit heraus erklärte sich ihre Kraft, nicht aus einer politischen oder gesellschaftlichen Machtposition. Man kann sich leicht vorstellen, dass sie bei der herrschenden Klasse nicht gerade beliebt waren.

Umso beliebter waren sie beim einfachen Volk, das manchen von ihnen ehrfurchtsvoll den Beinamen »Drachen« verlieh. Genau wie die taoistischen Meister waren die Drachen Symbole für Sanftmut gepaart mit Kraft, für Leichtigkeit und Freude, für Weisheit und die wohlwollende Zuwendung zum Nächsten, aber auch für eine unergründliche Tiefe.

DER WANDERER UND DIE DRACHEN

Jedes Kapitel in diesem Buch befasst sich mit einem anderen Drachen bzw. einem Aspekt des Tao und der Drachenkraft, die als unsere ureigene, instinktive Weisheit in uns allen schlummert.

Da es, wie wir gesehen haben, wenig Sinn ergibt, bei einem solchen Thema nur den Intellekt anzusprechen, sondern wir vielmehr in die Tiefe unserer Seele tauchen wollen, beginnen alle Kapitel des Hauptteils mit einer romanhaften Episode, in der wir einen Wanderer auf seinem Weg in den heiligen Bergen der Drachen begleiten. Hier können wir an seinen Erfahrungen teilhaben und hoffentlich auch das eine oder andere zwischen den Zeilen entdecken. Dieser Wanderer kommt aus dem Westen, doch seine Suche hat ihn weit in den Osten geführt. Er hat seine Heimat verlassen – ein unabdingbarer Bestandteil jeder Heldenreise[7] – und sich in das Ungewisse aufgemacht. Seine Suche war lang – und wir können die letzte Etappe dieser Reise miterleben. Vielleicht können wir einiges vom Wanderer in uns selbst entdecken. Vielleicht sind einige seiner Fragen auch unsere Fragen.

7 vgl. Joseph Campbell: *Der Heros in tausend Gestalten*

In gewissem Sinne sind wir alle Wanderer. Wir sind unterwegs in einer Welt, die wir nicht immer gänzlich verstehen. In uns lebt eine Sehnsucht nach einem tieferen Wissen als dem, was in unseren modernen Lebensumständen allgemein als nutzbringend anerkannt wird. Wir möchten suchen, weil die Suche ein Teil unseres Weges ist, doch wir möchten auch ankommen und irgendwo zu Hause sein.

So ergeht es auch dem Wanderer, der sich aufgemacht hat, um anzukommen, und der erkennen muss, dass Ankommen etwas ganz anderes bedeutet, als ein Ziel zu erreichen.

Ich habe ganz bewusst versucht, den theoretischen Teil in diesem Buch so gering wie möglich zu halten. Meines Erachtens lernt man durch Geschichten und durch eigene Erfahrungen in Meditationen weitaus mehr als durch beschreibende Texte. Geschichten wecken innere Bilder – und so, wie uns manchmal eine Zeile eines Gedichts mehr sagen kann als fünfhundert Seiten theoretischer Text, können uns auch innere Bilder auf ganz andere Ebenen unserer eigenen Weisheit führen.

Manche der geführten Meditationen in diesem Buch haben Anklänge an schamanische Reisen. Der Schamanismus ist ein spiritueller Weg, der sehr stark mit inneren Bildern arbeitet und hierüber Zugänge zu unserem Selbst und zu innerer Heilung sucht. Auch der Taoismus hat seine Wurzeln in einem schamanischen Wirken (was auch in seinem Weltbild der Verbundenheit und der Beseeltheit von allem stark durchschimmert), so, wie wahrscheinlich jede Religion, die wir heute noch kennen. Insofern schien es mir sinnvoll, auch diesen Aspekt mit in das Buch aufzunehmen, um dir als Leserin oder Leser eine möglichst tiefe Verbindung mit den Inhalten zu ermöglichen.

Machen wir uns also gemeinsam mit dem Wanderer auf den Weg durch die heiligen Berge Chinas, auf der Suche nach den Hütern der Weisheit, die in diesem Teil der Welt die Gestalt von Drachen haben. Und machen wir uns gemeinsam auf eine Reise in unser Innerstes, zu unseren eigenen Bildern, die uns Kraft schenken, zu unserer Mitte, in der wir ruhen können, und zu unserer Seele, die sich auf wunderbare Weise mehr und mehr im Tao entfaltet.

DER DRACHE DER ACHTSAMKEIT

Seit er vor einigen Wochen die ersten Gerüchte gehört hatte, war der Wanderer in den Wäldern rund um die heiligen Berge unterwegs. Die Drachen seien wieder da, hieß es, und in diesem Gebiet sollten sie sich angeblich aufhalten. Jeden Tag zog er nun etliche Kilometer umher, setzte unermüdlich einen Fuß vor den anderen. Er durchschritt scheinbar endlose Eichenwälder, sog den Duft der Hemlocktannen ein, wurde von schillernden Insekten umschwirrt, beobachtete Hirsche und Biber, entdeckte auch ein paar Wildesel – doch einen leibhaftigen Drachen bekam er nicht zu Gesicht.
Jede Nacht schlief er an einem anderen Ort, manchmal unter Bäumen, manchmal in kleinen Höhlen oder Felsnischen. Er erwachte mit den ersten Sonnenstrahlen und dem Gezwitscher von Hunderten oder gar Tausenden Vögeln, die in den Wäldern auf sich aufmerksam machten, und setzte seinen Weg fort. Er trank aus Bächen und Seen, aß Beeren, Wurzeln und Pilze oder schlürfte manchmal ein buntes Vogelei aus, das er verloren am Fuße eines Baumes fand. Menschen begegnete er in diesem Gebiet kaum. Vor ein paar Tagen hatte er einen alten Kräutersammler getroffen und versucht, herauszufinden, ob der Mann etwas

von den Drachen gehört hatte. Doch außer einem zahnlosen Grinsen war dem Greis nichts zu entlocken gewesen.

Wie lange war er schon unterwegs? Er konnte sich kaum erinnern. Vor Jahren schon war er aufgebrochen, hatte die Suche begonnen. Den Namen des Ortes, aus dem er kam, hatte er längst vergessen. Sein Leben dort, vor der Suche, waren nur flüchtige Bilder, blasse Erinnerungen. Er war gewandert, Richtung Osten, durch die Ebenen Russlands, durch Kasachstan, die Steppen der Mongolei, hatte die tibetische Hochebene durchquert und war dann über die Grenze nach China gelangt. Er wusste, dass er etwas suchte – aber wenn er ehrlich war, hätte er nicht sagen können, was er suchte. Wenn er sich für ein paar Tage oder Wochen irgendwo niederließ, wo die Menschen freundlich waren und er erschöpft an ihren Herdfeuern niedersinken konnte, trieb es ihn doch irgendwann wieder weiter. Eine unerklärliche Unruhe forderte ihn auf, sich wieder in Bewegung zu setzen.

Er traf Weise und Narren, lernte von beiden, hörte Geschichten, Märchen und Mythen, sah Wunder und Quacksalberei. Schon in der Mongolei schmerzte sein Bein, und das unwegsame Tibet machte es nicht besser. Immer öfter musste er pausieren. Schamanen schlugen ihn mit Kräuterbündeln, Heiler rieben ihn mit dem Urin von Kamelstuten ein. Alles half für ein paar Tage, doch dann kam der Schmerz zurück. Nach ein paar Monaten in China, wo er schon einen Stock benutzen musste, um seine Schritte sicherer zu machen, war es dann so schlimm geworden, dass er sich notgedrungen von einem älteren Ehepaar überreden ließ, so lange in ihrer Fischerhütte an einem kleinen See zu wohnen, bis er wieder bei Kräften war.

Es waren einfache Leute mit großem Herzen, die bereitwillig das Wenige teilten, das sie hatten. Jeden Morgen fuhr der Mann mit seinem kleinen Kahn und seinen abgerichteten Kormoranen auf den See hinaus und fing Fische, die es dann abends gekocht, gebraten oder in einer Suppe zu essen gab. Der Wanderer brachte seine Tage damit zu, auf dem hölzernen Steg zu sitzen und den See zu betrachten. Das leise Plätschern des Wassers, das sich verändernde Licht, die Rufe der Kormorane, die vereinzelten Reiher, die ihre stillen Bahnen zogen oder stundenlang einbeinig am Ufer standen, beruhigten seine Seele. Zum ersten Mal fühlte er das Ende seiner Suche nahen. Doch dann kam eines Tages ein anderer Fischer zu Besuch und erzählte von den Drachen.

»Sie sind in den Wäldern rund um die heiligen Berge«, sagte er. »Mein Bruder hat sie gesehen!«

Drachen? Der Wanderer hatte natürlich Geschichten über sie gehört, Geschichten, die so anders waren als die, die er aus seiner Kindheit kannte. Im ganzen Osten schienen die Drachen keine blutrünstigen Monster zu sein, sondern ehrwürdige Hüter der Weisheit.

Weisheit. War es nicht vielleicht das, was er suchte? Sollte er den Erzählungen des fremden Fischers vertrauen und sich ein letztes Mal aufmachen? Vielleicht konnten diese mythischen Wesen seine Sehnsucht stillen. Vielleicht war ihre Weisheit das Ziel seiner Suche.

Von diesem kleinen Funken Hoffnung erfüllt, hatte er sich schon am nächsten Tag von seinen Gastgebern verabschiedet und sich auf den Weg in die Berge gemacht. Die längere Ruhepause hatte seinem Bein gutgetan, und der neue Stock, den der alte Fischer ihm geschnitzt hatte, leistete gute Dienste.

So wanderte er wieder, ernährte sich von dem, was er fand, wurde zu einem Teil der Natur. Es hätte ihn nicht gewundert, wenn er eines Tages von Moos bewachsen aufgewacht wäre. Doch so sehr er auch in der Schönheit der Wälder und Berge aufging,

der Funken Hoffnung, der ihn wieder auf Wanderung geschickt hatte, wurde mit jedem Tag schwächer. Nach einigen Wochen der Wanderschaft und ohne auch nur die leiseste Spur eines Drachen gefunden zu haben, saß er nun hier. Es war Abend, die Geräusche des Waldes veränderten sich, als die nachtaktiven Tiere erwachten und ihre tagaktiven Geschwister sich zur Ruhe begaben. Der Wanderer hatte ein winziges Feuer auf einer Lichtung entzündet und starrte in die Flammen. Sein Bein schmerzte wieder, und das Lagerfeuer konnte seine innere Dunkelheit nicht einmal ansatzweise vertreiben. Was hatte er sich nur dabei gedacht? Wieso war er wieder unterwegs? Hatte er nicht schon vor langer Zeit erkannt, dass diese Suche nirgendwohin führte?
»Hör einfach auf«, sagte er zu sich selbst. »Hör einfach auf!«
Er blickte zum Himmel empor, an dem die ersten Sterne auftauchten. Eine Eule rief. Irgendwo an einem nahen Bach quakte ein Frosch. Der Wanderer schloss die Augen und atmete tief ein. Er saß einfach da, sein Herz schlug, sein Atem kam und ging von selbst, genau wie der des Frosches oder der Eule.
Der Wind bewegte die Äste der Bäume und strich über sein Gesicht. Der Wanderer streckte sich neben dem Feuer aus, sah zu, wie der Mond über den Wipfeln erschien. »Einfach da sein«, dachte er. Tränen liefen über seine Wangen, doch er wusste nicht, warum. Da waren keine Traurigkeit, keine Dunkelheit, sondern nur er, das Feuer, der Frosch, die Eule, die Sterne, die Bäume und der Mond. Es war einfach alles da, ohne dass er es hätte suchen müssen. Zum ersten Mal seit Jahren glitt der Wanderer friedlich in den Schlaf.

Am nächsten Morgen erwachte er wie gewohnt mit den ersten Sonnenstrahlen, die durch die Äste der Bäume schienen, und setzte sich auf. Doch etwas war anders an diesem Morgen, ganz und gar anders. Etwas, das er nicht sofort erkennen konnte. Und dann fiel es ihm plötzlich auf: Kein einziger Vogel war zu hören. Eine tiefe Stille lag über dem Wald.

Er spürte, dass ihn jemand oder etwas beobachtete, fühlte die Präsenz von etwas gänzlich Andersartigem in seinem Rücken. Langsam drehte er sich um, vorsichtig, angespannt. Der Blick in zwei große, goldene Augen traf ihn wie ein Schlag, und er wich erschrocken zurück.

»Du brauchst keine Angst zu haben«, sagte eine tiefe, warme Stimme. »Keine Angst.«

Wie aus weiter Ferne kamen nun die Vogelstimmen zurück, erst vereinzelt, dann immer mehr, bis es wieder nach einem ganz gewöhnlichen Morgen klang. Ein ganz gewöhnlicher Morgen – mit einem Drachen!

Das gewaltige Wesen legte seinen grünblauen Kopf schief, die roten Fühler, die wie ein riesiger beweglicher Schnurrbart unter seinen Nüstern wuchsen, zuckten leicht in die Richtung des Wanderers, als würden sie ihn ertasten wollen. Eine rote, wallende Mähne begann hinter den zwei Hörnern auf seinem Kopf und reichte bis weit in den Nacken. Mit seinem zusammengerollten Schlangenleib lag der Drache vor dem Wanderer an der kalten Feuerstelle, die riesigen Pranken mit den schwarzen Klauen – jede so lang wie der Unterarm des Wanderers – verschränkt, als würde er auf irgendetwas warten.

»Keine Angst«, wiederholte der Drache noch einmal. »Du hast mich gesucht, und hier bin ich. Du solltest dich freuen und nicht zittern, als wäre dir ein Gespenst begegnet.« Er lachte donnernd, und der Wanderer bemerkte erst jetzt, dass er am ganzen Körper schlotterte.

Der Drache schwieg und blickte den Wanderer nachdenklich an. Langsam beruhigten sich dessen Nerven, seine Hände und auch seine Stimme gehorchten ihm wieder.

»Du bist … echt«, stammelte er ungläubig.
»Das hoffe ich zumindest. Ganz genau weiß man das natürlich nie«, schmunzelte der Drache. »Du kennst sicher Tschuang-tses berühmte Frage, ob er Tschuang-tse sei, der träumte, ein Schmetterling zu sein, oder ein Schmetterling, der träumte, Tschuang-tse zu sein. Ich habe lange mit ihm über diese Frage gelacht!«
»Du kanntest Tschuang-tse?«
»Ich bin schon etwas älter, musst du wissen. Ich kannte viele der alten Meister. Sie lernten von mir, und ich lernte von ihnen. Willst du auch etwas lernen?«
Der Wanderer nickte langsam.
»Gestern Abend hattest du einen Einblick in das, was ich dir beibringen kann. Die wichtigste Grundlage eines glücklichen Lebens: Hier sein. Einfach sein. Ich werde dir helfen, damit dieses Wissen in dir lebendig bleibt. Damit du weiterhin bist – und nicht suchst.«
»Gestern Abend hat mich solch ein Frieden erfüllt«, meinte der Wanderer. »Ich hatte das Gefühl, nach Hause gehen zu können, nicht mehr suchen zu müssen – nicht einmal mehr nach dir.«
»Genau deshalb zeige ich mich dir heute. Weil du dich für die Welt geöffnet hast, weil du die Eule und den Frosch wirklich gehört, den Mond und die Bäume wirklich gesehen hast. Bislang war dein Geist immer schon beim nächsten Schritt deiner Reise, aber gestern Abend warst du wirklich im gegenwärtigen Moment anwesend. Wahrscheinlich zum ersten Mal in deinem Leben.«
Der Wanderer nickte ernst. In Gegenwart des Drachen kam ihm seine Ruhelosigkeit wie eine ferne Erinnerung vor.
»Siehst du die Spinne, die dort drüben ihr Netz zwischen den Zweigen baut?«, fragte der Drache. »Lass uns ihr gemeinsam ein wenig zusehen.«

Und so saßen sie gemeinsam auf der Lichtung – der Wanderer in seinen graubraunen, verschlissenen Lumpen und der Drache in all seiner Farbenpracht – und beobachteten die Spinne, die langsam aber stetig ihr Netz baute. Sie atmeten, schauten, spürten den leichten Wind, gegen den die Spinne sich bei ihrem Bauvorhaben stemmen musste, hörten hier und da ein Knacken und Rascheln im Unterholz. Zeit hörte auf, zu existieren, der Fluss des Seins spülte Wanderer, Drache und Spinne fort, das Netz entstand von selbst zwischen den Zweigen.

»Wenn du wahrhaft achtsam bist, kannst du das Tao sehen, das in allem, was existiert, mit sich selbst spielt. Heute hat es ein Spinnennetz gebaut, morgen wird es die Fliege sein, die sich darin verfängt.«

Der Drache bewegte seinen mächtigen Körper. »Wenn du wirklich siehst, willst du nichts – und die Dinge geschehen von selbst. Du kannst die Entfaltung des Tao nicht erzwingen, und du kannst dich ihr auch nicht entgegenstellen. Das ist deine erste und vielleicht wichtigste Lektion: Schaue, und atme. Sei einfach hier.«

Einfach hier sein. So simpel und einladend diese Anweisung des Drachen auch klingen mag – wer kann das schon?! Werden wir nicht alle abgelenkt von unserem Alltag, von all den Dingen, die wir erledigen müssen, all den wichtigen und unwichtigen Nachrichten, die auf uns einstürmen, und all den beruflichen und privaten Anforderungen, die sich uns stellen?

Wir schweifen in Gedanken ab, beschäftigen uns mit dem unhöflichen Verhalten eines Kunden vor zwei Tagen, den Worten unserer Mutter vor 20 Jahren oder dem Wetterbericht für die nächste Woche. Währenddessen fliegt der gegenwärtige Augenblick an uns vorbei. Unsere Achtsamkeit ist auf alles Mögliche gerichtet, nur nicht auf das, was sich direkt vor uns befindet. So verpassen wir womöglich die Spatzen, die sich die Krümel vom Café-Tisch nebenan holen, den Blick der alten Dame, in dem so viel Lebenserfahrung liegt, die sie gerne mit uns teilen würde, oder das Lächeln unseres Kindes, wenn es mit seinem Eis lustige Muster auf sein T-Shirt malt. Lauter berührende Momente, die unsere abgelenkten Gedanken aber nicht durchdringen können. Ein Schleier zwischen uns und der Welt – die nur in diesem jetzigen Augenblick wahrhaft existiert – trübt unseren Blick auf sie.

Doch wir alle kennen auch Momente, in denen sich dieser Schleier hebt: Manchmal, wenn wir wirklich etwas tun, was wir von Herzen lieben, vielleicht etwas schnitzen oder Musik machen, gehen wir ganz in dieser Tätigkeit auf. Da sind dann nur noch das Werkstück und das Messer, die beide mit uns zu verschmelzen scheinen und etwas Neues entstehen lassen. Oder das Instrument, unsere Hände und eine Folge von Tönen, die fast von allein auftauchen. Vielleicht passiert es uns auch bei einem Spaziergang in den Bergen, dass wir etwas anschauen – ein Panorama, eine einzelne Blume – und uns in diesem einzigartigen Augenblick verlieren. Wir verlieren uns – und sind doch ganz da.

Der chinesische Dichter Li Po (manchmal auch Li Bai genannt) hat vor mehr als 1200 Jahren ein Gedicht geschrieben, in dem dies wunderbar ausgedrückt ist: »Wir sitzen zusammen, der Berg und ich – bis nur noch der Berg da ist.«

Wer diese Momente kennt, weiß auch um das Glück, das sie bescheren. Wenn wir selbst verschwinden, unser plapperndes Ego also für einen kurzen Moment Pause hat, taucht unser wahres Selbst auf, das einfach *ist* und genießt. Wie der Drache sagt: »Schaue, und atme. Sei einfach hier.«

In diesem einfachen Schauen, diesem ruhigen Verweilen im Sein zeigt sich der formlose Charakter der Meditation. Während eines Spaziergangs, des Sitzens auf einer Parkbank, selbst im Supermarkt kann dies praktiziert werden. Vor allem die Natur ist ein wunderbarer Ort für diese Art der Meditation. Hier entfaltet sich das Wunder des Jetzt auf so vielfältige Weise, dass wir unser ganzes Leben mit Schauen verbringen könnten. Eine Wiese mit Leberblümchen, ein Eichhörnchen, das einen Baum hinaufflitzt, die Silhouette eines Mäusebussards am Himmel … Wenn wir mit den Augen gleichzeitig unser Herz öffnen, betreten wir eine neue Welt!

Dieses Schauen, das dem unvoreingenommenen Staunen von Kindern gleicht, ist die wohl natürlichste Form der Meditation. Alle anderen Achtsamkeitsübungen sind »nur« Trockenübungen, die letztlich zu diesem Staunen in unserem Alltag führen. Dennoch sind diese Übungen sinnvoll, denn im Laufe unseres Lebens verlernen wir das Staunen nur allzu leicht. Als Kinder gehört es zu unserer Natur, die Dinge auf diese Weise zu betrachten, doch je älter wir werden, desto dichter wird der Schleier aus Zweckmäßigkeit und Abgeklärtheit, der sich vor unsere Augen legt. Das ist der Grund, warum wir so viel Zeit wie möglich mit Kindern verbringen sollten. Neben vielen anderen Dingen können wir eine ganz wichtige Sache von ihnen lernen: Sehen, ohne zu wissen. Staunen, ohne einzuordnen.

Wenn ich es mir recht überlege und es provokativ in Worte fassen möchte, könnte ich sagen, dass meine ganze Meditationspraxis eigentlich nur dazu dient, den einzigartigen Blick meiner Kinder nachzuahmen. Was Kinder von Natur aus können, müssen wir wieder lernen.

Der Drache hat die Achtsamkeitsmeditation für den Wanderer in kurzen Worten zusammengefasst: »Schaue, und atme. Sei einfach hier.« Wir richten den Blick, unsere Aufmerksamkeit, entweder auf ein Objekt (wie das Spinnennetz) oder nach innen und dort zum Beispiel auf den Atem. Der Atem ist immer bei uns, deshalb ist er das ideale Übungsobjekt, und wir werden ihm in der nachfolgenden Meditation unsere ungeteilte Aufmerksamkeit schenken. Wir sitzen einfach eine Weile mit ihm zusammen an einem Ort, sind einfach hier.

ÜBUNG 1: MIT DEM DRACHEN ATMEN

Um mit dem Drachen zu atmen und ganz im gegenwärtigen Augenblick anzukommen, wähle einen Platz, an dem du dich wohlfühlst, und eine Körperhaltung, die dir angenehm ist. Du kannst auf einem Stuhl sitzen oder auch auf einem Meditationskissen oder einem Meditationsbänkchen. Versuche, möglichst aufrecht zu sitzen, ohne dich dabei zu versteifen. Die Wirbelsäule ist aufrecht und folgt dennoch ihrer natürlichen Krümmung.

Schultern und Nacken sind entspannt.
Die Hände kannst du in den Schoß legen oder auf deine Knie.
Der Kopf ist leicht nach vorn geneigt, die Augen sind entweder geschlossen oder leicht geöffnet, ganz wie es sich für dich stimmig anfühlt.

Atme nun ein paar Mal tief durch, ganz langsam und bewusst. Genieße deinen Atem, genieße die Zeit und die Ruhe, die du dafür hast.

Atme nun ganz entspannt weiter, und spüre in deinen Körper hinein. Richte deine Achtsamkeit nacheinander auf alle Teile deines Körpers. Werde dir deiner Füße bewusst, deiner Beine. Spüre deinen Bauch, wie er sich mit dem Atem hebt und senkt, fühle deinen Rücken und deine Wirbelsäule, deine Schultern und Arme, deinen Nacken, deinen Kopf und dein Gesicht. Lass alle Anspannung los.

Lass nun auch alle Anspannung in deinem Atem los.
Es gibt nichts anderes zu tun, als genau jetzt hier zu sein.
Lass deinen Atem einfach kommen und gehen, jeder Atemzug einzigartig, jeder Moment neu und unverbraucht.

Folge deinem Atem, nimm wahr, wie er durch deine Nase, deinen Hals, in die Brust und in den Bauch fließt.

Spüre auch die kleine Pause zwischen Einatmen und Ausatmen.
Und spüre, wie der Atem wieder aus deinem Körper strömt, wie er zurückfließt.

Lass deinen Geist einfach auf dem Atem ruhen, ohne Anstrengung. Erlaube deinem Atem, ganz von selbst zu geschehen.
Ein und aus. Ein und wieder aus.
Ganz entspannt. Ganz von selbst im Fluss des Lebens.

Vielleicht hörst du Geräusche, einen Vogel vor dem Fenster oder einen bellenden Hund in der Nachbarschaft, ein Auto im Hof. Das alles sind nur Geräusche. Nichts als Töne. Sie kommen und gehen. Sie erklingen und verhallen wieder.
Alles ist einfach nur da – genau wie du und dein Atem.

Manchmal taucht ein Gedanke auf. Lass auch ihn vorbeiziehen.
Genau wie ein Geräusch kommt und geht, so kommt und geht auch er wieder.
Immer wenn ein Gedanke dich ablenkt und deine Aufmerksamkeit zu fordern scheint, bringe deinen Geist wieder ganz

sanft zu deinem Atem zurück. Komme zurück zu der Empfindung, die dein Atem in deinem Körper hinterlässt.

Ganz sanft ruht dein Geist auf deinem Atem.
Nur dieser Atemzug.
Nur dieser Augenblick. Nichts als dieser Augenblick.

Langsam beendest du nun deine Meditation.
Nimm einen tiefen Atemzug, und lass den Atem langsam wieder entweichen. Öffne deine Augen, recke und strecke dich ein wenig, wenn du möchtest.
Fühle dich willkommen im gegenwärtigen Augenblick, dem einzigen Augenblick, der wirklich zählt – und nimm deine Achtsamkeit mit in deinen Alltag.

Achtsamkeit erlaubt es uns, den gegenwärtigen Moment so wahrzunehmen, wie er wirklich ist. Wir nehmen die Brille unserer Vorstellungen und Erwartungen ab und sehen das, was geschieht. Nicht mehr und nicht weniger.

In diesem Moment gibt es keine Fliege mehr, die um uns herumschwirrt und uns bei der Meditation stört. Es gibt nur ein summendes Geräusch, das erscheint und wieder verschwindet. Dinge tauchen in unserem Geist auf und verlieren sich wieder. Wenn wir achtsam sind, sehen wir eine Welt des Wandels, in einem Moment Flut, im nächsten Ebbe.

Diese Sichtweise ermöglicht es uns, wach zu werden und hinter den Mauern unseres Ego hervorzukommen. Wir wenden uns offen der Welt zu und machen wahrhaft neue Erfahrungen, statt immer wieder alte Verhaltensmuster zu wiederholen und in einem Netz aus sich selbst erfüllenden Prophezeiungen (unseren Erwartungen) gefangen zu bleiben.

Wir können vorurteilsfrei den Fluss des Lebens betrachten, in dem wir uns gemeinsam mit allem, was ist, befinden. Wir betrachten den Augenblick, wie er ist, beobachten das Tao in seinem freien Spiel.

DER DRACHE DES VERTRAUENS

Der Wanderer verbrachte einige Wochen bei dem Drachen und befasste sich jeden Tag mit seinen Achtsamkeitsübungen. Mal ließ der Drache ihn Spinnen beim Bau ihrer Netze beobachten, mal sollte er das Wasser des kleinen Baches betrachten, wie es sich seinen Weg über die Kiesel sucht. Dann wieder hieß er ihn, er möge die Augen schließen und sich auf seinen Atem konzentrieren. Und so saß der Wanderer still an einem Ort, lauschte, beobachtete sich selbst und die Welt. Jeden Tag machte er dabei neue Erfahrungen: Manchmal war die Meditation im Nu vorbei, weil er an alles Mögliche dachte, dann wieder zogen sich die Minuten und Stunden scheinbar endlos dahin, während er einzig damit beschäftigt war, auf das Signal des Drachen zu warten, das die Meditation beendete. Dann wieder gab es Momente der inneren Stille, die ein feines Lächeln auf das Gesicht des Wanderers zauberten. Momente, die ein solches Glücksgefühl in ihm auslösten, dass er es unbedingt noch einmal erleben wollte. »Renne nichts Vergangenem hinterher«, sagte der Drache dazu, »auch nicht schönen Erfahrungen in der Meditation. Sie werden nicht wiederkommen, aber wenn du damit beschäftigt bist, ihnen hinterherzujagen, wirst du die neuen Momente verpassen.«

Augenblicke quälender Langeweile lösten sich ab mit Augenblicken erfüllender Ruhe, in denen sich Gedanken auflösten wie der Morgennebel in der Sonne.

Tag um Tag meditierte der Wanderer gemeinsam mit dem Drachen, der darauf achtete, dass die meditative und achtsame Geisteshaltung auch dann erhalten blieb, wenn der Wanderer Wasser aus dem Bach schöpfte oder Beeren sammelte.

»Schenke allem, was du tust, deine volle Aufmerksamkeit. Die wirkliche Meditation beginnt, wenn du dich von deinem Meditationsplatz erhebst. Nur im Alltag zeigt sich der Wert der Achtsamkeit«, meinte er.

Und so saß der Wanderer achtsam, atmete achtsam, ging und aß achtsam, trank achtsam und putzte sich achtsam die Nase.

Der Drache beobachtete seinen neuen Schüler zufrieden, gab ihm immer wieder kleine Anweisungen und machte ihn darauf aufmerksam, wenn er mit den Gedanken abschweifte.

Dem Wanderer fiel auf, dass die Lichtung mit jedem Tag bunter und lebendiger wurde. Immer mehr Tiere tauchten auf und schienen die beiden ungewöhnlichen Weggefährten zu beobachten. Blumen in allen erdenklichen Farben gediehen überall, machten sich zwischen den Wurzeln der Bäume breit und sogar auf den großen Steinen, die verstreut herumlagen. Wo der Drache war, blühte das Land auf.

Auch dem Wanderer tat die Nähe des freundlichen Wesens gut. Er hatte das Gefühl, als würden sein Geist immer klarer, seine Bewegungen natürlicher und ungezwungener, seine Worte einfacher und direkter.

»Du öffnest dich für das Tao. Das ist das Geheimnis«, sagte der Drache eines Abends, als sie wie üblich beisammensaßen und der Wanderer gebannt den Geschichten des Drachen lauschte.

Ein tausend Jahre altes Wesen hatte eine Menge Geschichten zu erzählen!
»Werde ich das Tao jemals verstehen?«, fragte der Wanderer einer plötzlichen Eingebung folgend.
»Niemand versteht das Tao. Auch ich nicht!«, antwortete der Drache. »Es ist nicht zu verstehen. Jeder Versuch, es gedanklich zu erfassen, ist zum Scheitern verurteilt.«
»Mir fällt das schwer«, gab der Wanderer zu. »Wenn ich mich mit etwas befasse oder sogar einem bestimmten Weg folge, möchte ich alles darüber in Erfahrung bringen und es verstehen.«
»Das ist menschlich«, sagte der Drache. »Und schade!« Er lachte dröhnend. »Glaube mir, diese Gedanken sind nur Zeitverschwendung. Du wirst es nicht begreifen, wie du etwas anderes begreifen kannst, etwa das Töpfern oder das Holzhacken. In das Tao kann man sich nur hineinfallen lassen. Du brauchst Vertrauen. Das Vertrauen, dass es immer um dich herum ist, dich durchdringt, alles erschafft und sich seiner eigenen Natur gemäß entfaltet.«
Der Wanderer schwieg, und der Drache spürte die leise Unsicherheit, die in diesem Schweigen verborgen lag. Das Feuer knisterte, der Drache dachte lange nach, bevor er wieder sprach. »Vielleicht solltest du einen Freund von mir besuchen. Jemand, der dir viel über dieses Vertrauen sagen kann.«
»Du … schickst mich weg?«, fragte der Wanderer sichtlich entsetzt und schämte sich sogleich für seine Reaktion.
»Ich schicke dich auf eine Reise, ja!«, sagte der Drache bedächtig. »Doch jede Reise führt irgendwann zurück zu ihrem Ausgangspunkt. Wir werden uns schon bald wiedersehen! Ich habe dich die Kunst der Achtsamkeit gelehrt, und diese ist die Grundausrüstung für deine weitere Reise. Wenn du alles mit den Augen der Achtsamkeit betrachtest, wird dich alles etwas lehren können.

Und dann kehrst du als ein anderer an den Ausgangspunkt deiner Reise zurück – an den gleichen Ort, doch du kannst ihn mit neuen Augen sehen.«

»Ohne Fragen und Zweifel?«

»Vielleicht«, lachte der Drache, »vielleicht … Es gibt noch ein paar von uns in diesen Bergen. Ich werde ihnen Bescheid geben, und sie alle werden dich mit Freuden empfangen.«

»Du meinst … es gibt noch mehr Drachen?«

»Noch mehr Drachen, ja. Und alle einzigartig. Du wirst sie mögen … nun ja, zumindest die meisten …« Er deutete ein Grinsen an. »Lass uns nun schlafen, damit du morgen ausgeruht bist für deinen Weg.«

Die grünen und blauen Schuppen des Drachen schoben sich übereinander wie Steinplatten, als er sich zusammenrollte und die Augen schloss. Der Wanderer lag noch eine Weile wach und starrte in die Glut des Feuers, nachdenklich, verunsichert ob dieser neuen Entwicklung. Er hatte angenommen, er würde hier bleiben. Als Schüler des Drachen. Er versuchte halbherzig eine Achtsamkeitsübung, um klar sehen zu können, was wirklich geschah, aber seine Emotionen waren zu stark. Unruhig wälzte er sich hin und her und war dankbar, als er merkte, wie der Schlaf ihn langsam übermannte.

Am nächsten Morgen machte er sich tatsächlich auf den Weg. Der Drache war bester Laune, und irgendwie sprang der Funke der Leichtigkeit auch auf den Wanderer über. »Alles kann mich etwas lehren«, dachte er bei sich. »Ich muss nur meine Augen offen halten!«

Er verneigte sich vor dem Drachen, und dieser senkte seinen gewaltigen Kopf. Die roten Fühler berührten ihn leicht an der Stirn,

und er konnte die Worte des Drachen mehr fühlen als hören: »Deine erste Lektion in Vertrauen: Glaube daran, dass wir uns wiedersehen!«
Eine eigentümliche Wärme durchströmte den Wanderer. Er lächelte den Drachen an, wandte sich um und ging in die Richtung davon, die der Drache ihm gezeigt hatte.

Zwei Tage war er unterwegs, als er fast über den weißen Drachen stolperte. Dieser lag zwischen einigen großen Felsen, über die der Wanderer klettert und die fast ebenso weiß waren wie der schuppige Leib. Langsam hob der Drache den Kopf und richtete seine trüben, blassblauen Augen auf den Wanderer.
»Du hast mich gefunden«, sagte er, und seine Stimme war alt und brüchig. »Ein Freund hat dich angekündigt.«
»Er sagte, du könntest mich etwas über das Vertrauen lehren ...«, meinte der Wanderer zögerlich.
»Vertrauen? Oh ja ... jedes alte Wesen kann dir etwas über das Vertrauen sagen. Jede Schildkröte, jeder alte Fischer dort unten in den Dörfern, jeder alte Baum und jeder alte Hirsch in den Wäldern hat dazu etwas zu sagen. Wenn du alt wirst, bleibt dir nichts anderes übrig, als den Widerstand aufzugeben.«
»Den Widerstand?«
»Du erkennst, dass deine Pläne und Absichten nicht viel mit der Wirklichkeit gemeinsam haben. Als junger Mensch kämpfst du gegen diesen Umstand an, als alter Mensch lachst du darüber.«
»Das heißt, im Alter fügt man sich dem Tao?«
»Dem Tao fügt man sich letztlich immer«, sagte der Drache. »Aber wenn man alt ist, gefällt einem diese Hingabe. Alles wird ganz leicht. Man kann über die eigenen Konzepte schmunzeln, die seit Jahren nicht funktioniert haben. Man schaut ein wenig milder auf das Leben und auf sich selbst.«

»In mir ist ein Drang, verstehen zu wollen. Sobald ich eine Frage beantwortet habe, tauchen drei neue auf.«

»Ist mir schon aufgefallen«, lachte der Drache und hustete. »Dein Kopf steht niemals still, hm?«

»Nein, so gut wie nie.«

»Wenn ich jung wäre, könnte ich ihn dir abbeißen ...«

Der Wanderer brauchte einen Moment, bis er begriff, dass der Drache nur Witze machte. Er lächelte gequält.

»Mein Freund meinte, du hättest mit ihm meditiert. Die Meditation der Drachen ist tief. Hast du nie den Segen gespürt, mit dem das Tao dich berührt?«

»Doch, es gab Momente, in denen ich ... in denen ich nicht mehr war, sondern das Tao sich scheinbar selbst erfuhr.«

»Nicht scheinbar. Nicht scheinbar. Mit solch einem Wort zerstörst du alles. Das ist genau das, was geschieht: Das Tao meditiert über sich selbst. Deine Erfahrung ist die Erfahrung des Tao. Durch dich erfährt das Tao sich selbst in deiner Gestalt. Wie wunderbar das ist!«

»Aber ...«

»Da gibt es kein Aber!«, widersprach der Drache vehement. »Das Aber entstammt deinem Kopf, der nach Macht strebt. Was ist dein Versuch, die Dinge zu begreifen, anderes als der Versuch, die Dinge zu beherrschen? Vertrauen ist der Verzicht auf dieses Herrschen-Wollen. Vertrauen ist das Aufgeben deiner gewohnten Konzepte, mit denen du das Leben beherrschen und besitzen willst. Vertrauen ist das Fließen des Flusses, der die Ufer fruchtbar macht. Das immerwährende Aber ist ein Staudamm, der den Fluss vom Leben abschneidet. Spüre diesen Fluss in dir, spüre den Segen des freien Fließens, diesen Augenblick, in dem alles gut ist!«

Der Wanderer schaute seinen alten Lehrer wie gebannt an. So viel Kraft war in diesem schneeweißen Greis, der hier offenbar fast blind in den Bergen lebte.

»Meditiere nun über meine Worte. Ich bin müde und muss ein wenig schlafen.«
Der Drache regte sich leicht, machte es sich bequemer. Felsen knirschten, und eine kleine Steinlawine kam dem Wanderer entgegen, der er nur mit Mühe ausweichen konnte.
»Achtung ...«, murmelte der Drache und war im selben Moment eingeschlafen.

Der Wanderer meditierte, aß etwas, holte Wasser, meditierte wieder, schlief selbst ein paar Stunden, beobachtete den Mond, schlief wieder und erschrak fürchterlich, als der Drache völlig unvermittelt wieder zu sprechen begann.
»Das Tao ist immer ungeteilt. Nichts und niemand kann je aus ihm herausfallen«, sagte er, als ob ihr Gespräch nie unterbrochen gewesen wäre. Der Wanderer setzte sich auf.
»Das Tao ist Schönheit – und Schönheit ist nicht zu verstehen und nicht zu hinterfragen. Sie ist einfach. Schau dir die Sterne an, und du ahnst, wovon ich spreche. Sie sind einfach da und gießen den Segen ihrer Schönheit in jeder Nacht über dich aus. Sieh nach oben, und das Tao wird durch deine Augen Tränen über so viel Schönheit weinen. Und wenn die Sterne dich sehen können, werden sie ebenfalls über deine Schönheit und die schlichte Tatsache, dass es dich gibt, erstaunt sein. So sind wir alle im Tao aufgehoben und Teil desselben Segens, der unaufhörlich wirkt.«
Kaum hatte er aufgehört zu sprechen, war der Drache schon wieder eingeschlafen. Der Wanderer legte sich ebenfalls wieder hin, verschränkte die Arme hinter seinem Kopf und schaute zu den Sternen empor. Er betrachtete die Sterne, wie er das Spinnennetz betrachtet hatte, und stellte sich vor, wie die Sterne auch ihn betrachteten. Sein Blick wurde weicher, weniger fokussiert, und er hatte das Gefühl, als könne er den gesamten Raum sehen – alles,

was ihn umgab. Er verlor sich, sein inneres Koordinatensystem, und ließ es geschehen. Innen und außen lösten sich auf, hier und dort waren nur noch Begriffe, die dem Tao nicht gerecht werden konnten. Alles war einfach da – ein großer Tanz, an dem er, die Drachen und die Sterne teilhatten. Ein Lied des großen Segens, in dem alles einen eigenen Klang hatte, der sich harmonisch in die allumfassende Melodie einfügte.
Der Wanderer schloss die Augen, und der Schlaf fand ihn leicht.

Als er am nächsten Morgen erwachte, war der alte Drache verschwunden. Wenn man genau hinsah, konnte man noch die Form seines Körpers erahnen, der sich die weißen Felsen zurechtgeschoben hatte. Während er ein karges Frühstück zu sich nahm, überlegte der Wanderer, ob er warten sollte oder ob dies wohl der übliche Abschied des alten Drachen war. Er fühlte noch immer den Segen der letzten Nacht in sich, die Worte des Drachen, das Licht der Sterne. Und weil es hier doch um Vertrauen ging und nicht um viele Worte, war er sich sicher, dass alles gesagt war, und machte sich wieder auf den Weg.

Vertrauen hat viele Ebenen – und auf den meisten tun wir uns schwer. Wann vertrauen wir uns selbst statt irgendwelchen äußeren Autoritäten? Wann vertrauen wir der Welt? Wann vertrauen wir darauf, dass letztlich alles gut ausgehen wird?

Die Distanz zwischen Herz und Kopf kann überaus groß sein, und oft stehen wir uns im Leben selbst im Weg. Selten vertrauen wir unseren eigenen Gefühlen. Stattdessen hinterfragen wir unsere Gefühle, analysieren uns selbst, intellektualisieren unsere Sehnsüchte, bis wir auch den letzten Funken Authentizität im Keim erstickt haben. Wir wenden uns an selbstlegitimierte Autoritäten und bilden uns eine Meinung aus einem Brei von Propaganda, Internetgemunkel und dem Geplapper sogenannter Experten. Vor einigen Jahren erschien ein Buch, dass die These aufstellte, dass jedes Kind schnell lernen könne, nachts durchzuschlafen, wenn man es nur allein ließe und seinem Schreien keine Aufmerksamkeit schenke. Obwohl allen Eltern instinktiv klar war, dass ein Ignorieren der Ängste ihrer Kinder grundsätzlich falsch sein müsse, verkaufte sich dieses Buch doch mit enormem Erfolg. Nicht wenige Kinder mussten traumatisierende Nächste durchstehen, weil ihre Eltern letztlich doch lieber den Experten vertrauten als ihren eigenen elterlichen Gefühlen.

Von »naturgemäßem« Verhalten zu sprechen, ist oft ein bisschen problematisch, schließlich ist der Mensch nicht nur Natur-, sondern auch Kulturwesen, aber dieses Beispiel zeigt deutlich, was in unserer Natur liegt und was nicht, was hilfreich ist und was nicht.

Was verunsichert uns so, dass wir uns nicht zutrauen, solche Entscheidungen ohne die Hilfe von sogenannten Experten zu treffen? Es ist mangelndes Vertrauen in uns selbst, einem Menschenbild entsprungen, das durch Entfremdung gekennzeichnet ist. Das Tao Te

King zeigt da andere Wege auf. Laotse ist radikal von der Würde und Größe jedes Einzelnen überzeugt und traut den Menschen noch viel mehr zu, als ihre Kinder in die Arme zu nehmen, wenn diese weinen.

»Schaffe Moral und Gesetze ab, und die Menschen werden das Richtige tun.« (Vers 19) Solch eine Anarchie kann nur derjenige ausrufen, dessen Vertrauen in die Menschen unbegrenzt ist. Jemand, der weiß, dass die Menschen von Natur aus zum Guten tendieren und wissen, was für sie das Beste ist. Vielleicht können wir ein bisschen dieses Vertrauens uns selbst gegenüber aufbringen.

Wir können uns selbst vertrauen und eigene Wege gehen. Wir werden spüren, ob dieser Weg uns und andere nährt oder ob er nur künstlich geschaffene Bedürfnisse befriedigt. Wir werden spüren, ob wir mit dem Herzen dabei sind oder nur die Zahlen auf unserem Konto im Blick haben. Wir werden spüren, ob unsere Schritte heilsam sind oder Leid erzeugen, ob sie mit dem Tao fließen oder sich ihm entgegenstellen.

Auch der Welt können wir vertrauen. Trotz Erdbeben und Tsunamis ist sie unser Zuhause, unser Platz, der uns hervorgebracht hat und an dem wir ins Sein eintauchen.

Wenn der Drache sagt, dass in diesem Augenblick alles gut sei, heißt das natürlich nicht, dass in diesem Moment auf der Welt nur Gutes geschieht. Das zu glauben, wäre in höchstem Maße naiv. Was der Drache meint, ist, dass wir in diesem Augenblick aufgehoben sind, dass wir – ganz gleich, was auch geschehen mag – nicht verloren gehen können. Unser Weg hat uns in die Umstände dieses Moments geführt, und irgendetwas gibt es hier zu entdecken, irgendetwas gibt es hier für uns zu lernen.

Vertrauen bedeutet die tiefe Überzeugung, dass uns nichts zugemutet wird, was unsere Kräfte übersteigen würde. Jeder, der schon einmal eine echte Notsituation erlebt hat, weiß, wie sehr Menschen über sich selbst hinauswachsen können. Die Welt fordert uns, und wir wachsen innerlich an ihr. Auch auf dieses Wachsen können wir vertrauen, auch wenn es sich zwischenzeitlich eher wie Zerbrechen anfühlen mag.

Und letztlich gibt es das Vertrauen, das absolute Hingabe ist. Am Ende fließt der Fluss des Tao in das große Meer seiner selbst zurück und schafft einen neuen Anfang. Der Meister »hält nichts zurück vom Leben; daher ist er zum Sterben bereit, wie ein Mann zum Schlafen bereit ist nach tüchtigem Tagwerk«. (Vers 50) Wenn wir von Sorgen geplagt werden, schlafen wir nur schlecht ein. Im Vertrauen darauf, dass morgen ein neuer Tag sein wird, mit neuen Möglichkeiten und neuen Entwicklungen, können wir aber allabendlich loslassen und Ruhe finden. Am Ende unseres Lebens wird es ähnlich sein. Wer loszulassen vermag, weil er wirklich gelebt hat, sich selbst vertraut hat, seine eigenen Erfahrungen gemacht und seine Liebe gelebt hat, wird leicht gehen können. Wer voller Bedauern ist, weil sein Leben an ihm vorüberzog, dass er eher *gelebt wurde,* ohne dass er selbst wirklich beteiligt war, wird es sich bei diesem Übergang selbst schwer machen.

Der Taoismus ist eine Lebenskunst, die weiß, dass allzu viele Sorgen uns nicht weiterbringen. Klar sehen, die Dinge spontan anpacken, sie sich fraglos zutrauen und dabei das sein lassen, was wir alle nicht ändern können, ist der taoistische Weg zum Glücklichsein, der in einem Urvertrauen wurzelt.

Für mich gibt es hier eine erstaunliche Parallele zwischen dem Tao Te King und der Bergpredigt Jesu, die sich ja auch um das Thema Vertrauen dreht. Während Jesus von Gott als Vater spricht, der sich um unsere Bedürfnisse kümmert und uns mit allem Notwendigen versorgt (»Seht euch die Vögel des Himmels an: Sie säen nicht, sie ernten nicht und … euer himmlischer Vater ernährt sie. Lernt von den Lilien, die auf dem Feld wachsen: Sie arbeiten nicht und spinnen nicht … Doch … selbst Salomo war in all seiner Pracht nicht gekleidet wie eine von ihnen.« Mt 6, 26–29), so spricht Laotse ebenfalls von der Natur, die uns alles bereitstellt, sodass wir uns keine Sorgen um unser Auskommen machen müssen. Allerdings sieht er das Tao nicht als Vater, sondern sagt von sich: »Ich trinke aus den Brüsten der großen Mutter.« (Vers 20)

Auf uns und allem anderen liegt ein Segen, ob nun der göttliche Vater seine schützende Hand über uns hält oder die große Mutter uns ihre nie versiegenden Brüste anbietet. Seit jeher fließt das Tao und entfaltet sich. Alles in ihm ist gut aufgehoben und geborgen, nichts kann verloren gehen. Uns dieses grundsätzlichen Segens bewusst zu werden, kann unser Verhältnis zur Welt fundamental ändern. Aus einem Ort, der uns bedrohlich erscheint, wird plötzlich ein Zuhause, das das ganze Universum umfasst.

Die folgende geführte Meditation kann uns diesen Segen mithilfe unserer eigenen Vorstellungskraft vor Augen führen und ihn direkt erlebbar werden lassen. Lass dir diese Meditation von einem einfühlsamen Freund oder einer ebensolchen Freundin vorlesen, oder sprich sie selbst auf einen Tonträger, den du dir dann anhörst, und tauche in deine eigene Seele ein.[8]

8 Diese Meditation ist ebenso wie die Übungen *Mit dem Drachen atmen*, *Ein Herz, so weit wie die Welt* und *Die Kraft des Drachen in dir erwecken* auf der CD *Der Weg des Drachen* im Schirner Verlag erschienen.

ÜBUNG 2:
DEN SEGEN DES DRACHEN ERFAHREN

Setze oder lege dich bequem auf den Boden, und schließe deine Augen. Bringe deinen Körper in eine entspannte Position, in der du dich wohlfühlst und in der du die Stille des Tao achtsam genießen kannst.

Spüre die Kraft der Erde unter dir und die Weite des Himmels über dir.

Werde dir deines Atems bewusst, achte darauf, wie der Atem kommt und geht, jeder Atemzug einzigartig, jeder Moment neu und unverbraucht.
Dein Gesicht entspannt sich, deine Schultern, dein Rücken, deine Arme und Beine …
Alles Schwere fällt ganz natürlich von dir ab, und dein Geist ist leicht und frei.

Atme diese Leichtigkeit in deinen Körper hinein. Gib dich einfach dem Fluss des Tao hin. Ganz gegenwärtig und offen für Veränderung.

Nun lass dich langsam in die Welt deiner Vorstellungskraft gleiten. Fühle die Inspiration hinter deinen geschlossenen Augenlidern, und erfahre, wie das Tao Bilder in deinem Geist auftauchen lässt.

Vor deinem inneren Auge entsteht nun eine Landschaft, in der dein Herz schon immer zu Hause war. Schaue dich um… Sieh dir alles in Ruhe an …

Alles, was du siehst, und auch alle Geräusche, die Düfte, vielleicht der Wind auf deiner Haut, die Bewegung in Bäumen und Büschen oder hinter Felsen – all das ist Teil des EINEN Lebens, Teil des Tao. Ein Leben, zu dem auch du gehörst, ganz und gar.

Langsam setzt du einen Fuß vor den anderen, bewegst dich in dieser Landschaft, erkundest sie. Du spürst, dass du hier genauso zu Hause bist wie an jedem anderen Ort dieser Welt.

Nach einer Weile bemerkst du eine warme und wohlwollende Präsenz in deiner Nähe. Vor deinen Augen flimmert plötzlich die Luft, etwas Großes verdichtet sich dort …

Das Bild wird klarer – und nun kannst du erkennen, wer dort vor dir steht: Ein Drache!
Schaue ihn dir genau an. Er ist Teil des Tao wie du. Er ist Teil dieser Landschaft und in diesem Augenblick auch Teil deines Geistes.

Der Drache schaut dich an. Er kann dich sehen, wie du wirklich bist. Er sieht dein Inneres – und er lächelt, denn ihm gefällt, was er sieht. Er sieht einen Menschen auf dem Weg, einen Wanderer, der seine Schritte immer vertrauensvoller macht.

Mit einer tiefen und warmen Stimme richtet der Drache das Wort an dich:
»Dein Weg war lang. Und vielleicht ist er von hier aus noch einmal so lang, vielleicht gar tausendmal so lang. Wir wissen nicht genau, wohin unsere Wege uns führen. Doch eines ist gewiss: In diesem Augenblick ist alles gut. Niemand kann je aus dem Tao herausfallen. Stets sind wir aufgehoben in diesem Fluss des Lebens, der unsere Seele mit Erfahrungen nährt und der unser Herz immer offener und weiter macht. Das Tao ist um uns herum, in allem, was uns umgibt. Es ist in uns, lässt ein Drachenherz und ein Menschenherz schlagen. Wohin auch immer uns unser Weg führen mag, wir sind stets schon angekommen im Wunder des Augenblicks.«

Langsam beugt der Drache sich zu dir herab, bis sein Gesicht ganz nah an deinem ist. »Ich sehe dich«, sagt er. »Ich sehe dich und das Tao, das in dir lebendig ist. Ich sehe, wie es sich mit dir entfaltet, mit dir wächst und mit dir fließt. Ich sehe den Segen, der auf jedem deiner Schritte liegt.«

Der Drache weicht wieder ein wenig zurück. Seine Worte wirken in dir nach: Vertrauen in dich selbst, Vertrauen in deinen Weg, Vertrauen in das allumfassende Tao erfüllen dich.

Nun siehst du, wie der Drache seine linke Vorderklaue öffnet und eine goldene Perle zum Vorschein kommt. Mit einer liebevollen Geste überreicht er sie dir.
Du nimmst sie dankbar mit beiden Händen entgegen und hältst sie vor deinen Bauch. Die Kugel beginnt zu leuchten – ihr Strahlen wird immer heller. Du spürst ihre Wärme und ihre Kraft.

Dann merkst du, wie die Kugel langsam in dich hineinschmilzt, dich von innen wärmt, die Wärme sich immer weiter ausbreitet, bis du den Segen des Drachen auf jeder Ebene deines Seins spüren kannst.

Verbeuge dich vor dem Drachen, und bedanke dich.

Nun wird es Zeit, dich zu verabschieden. Sage dem Drachen Lebewohl, und vertraue darauf, dass du ihn wiedersehen wirst. Irgendwo, irgendwann auf deinem Weg.

Die Luft beginnt wieder zu flimmern, die Gestalt des Drachen wird immer undeutlicher … und löst sich schließlich ganz auf.

Du stehst in der Landschaft deiner Seele, atmest ein, atmest aus …

Angekommen im Augenblick, ruhig und voller Kraft, vom Segen des Drachen berührt, vom Tao erfüllt.

Öffne nun langsam deine Augen.
Möge dein Leben im Fluss sein, möge dein Leben dich mit tiefer Zufriedenheit beschenken.

Wohin auch immer dein Weg dich führen wird, es wird der Ort sein, an dem etwas Wichtiges auf dich wartet. Habe Vertrauen, sei im Fluss, lebe mit der inneren Überzeugung eines Drachen.

DER DRACHE DER ZUFRIEDENHEIT

Nach vier weiteren Tagen der Wanderschaft hatte er das unbestimmte Gefühl, im Kreis zu gehen. Hatte er diesen umgestürzten Baum dort nicht schon einmal gesehen? Und diese Felsbrocken kamen ihm ebenso bekannt vor.

Der Wanderer setzte sich auf die Erde und seufzte. Verdammt! Sich in einem Wald zurechtzufinden, war ihm noch nie so schwer gefallen wie hier. Er brauchte eine Pause. Vor einigen Stunden hatte der Schmerz in seinem Bein wieder begonnen, sich bemerkbar zu machen. Dieses Bein, das ihn in den vergangenen Monaten schon so oft aufgehalten hatte und ihn immer wieder peinigte.

Er legte sich auf den Rücken und sah hinauf zu den Wolken, die über ihm hinwegzogen, Figuren bildeten und sich wieder auflösten. Sein Geist beruhigte sich. Letztlich, dachte er, war es wahrscheinlich gleichgültig, ob er sich in diesen Bergen auf ein Ziel zubewegte oder im Kreis ging. Das Tao war überall gegenwärtig – und wahrscheinlich würden die Drachen eher ihn finden als er sie. Da konnte er auch weiter die Wolken beobachten …

Er erschrak furchtbar, als ein riesiges, rotes Gesicht in seinem Blickfeld auftauchte und eine tiefe Stimme sagte: »Die Pausen sind doch das Beste am Tag, nicht wahr?!«

Der Wanderer rappelte sich auf, und der Drache rollte sich ihm gegenüber zusammen.
»Warum macht ihr das? Findet ihr es witzig, mich in Angst und Schrecken zu versetzen?«
»Um ehrlich zu sein«, sagte der Drache, »ja, irgendwie schon. Dein Gesicht hat dann so einen lustigen Ausdruck. Aufgerissene Augen, halb offen stehender Mund. Und wie du dir eben ans Herz gegriffen hast … einfach köstlich, wenn auch ein bisschen zu theatralisch für meinen Geschmack.«
Der Drache grinste breit und offenbarte dabei seine gewaltigen Reißzähne.
Nachdem sein Herzschlag sich wieder normalisiert hatte, musste auch der Wanderer lächeln. Offenbar waren diese uralten und weisen Wesen verspielter und alberner, als er je vermutet hätte.
»Ich hätte euch für ernsthafter gehalten«, meinte er.
»Mein Ursprung ist das Tao, und das Tao ist Spiel und freudige Entfaltung. Also werde ich erst aufhören, zu lachen, wenn ich tot bin!«, sagte der Drache. »Wie sieht es mit dir aus? Macht dir das hier Spaß?«
»Was meinst du?«
»Deine Reise. Du trampelst seit zwei Tagen im Kreis um mein Lager herum. Und als du dich eben wie ein Mehlsack fallen lassen hast, hast du einen leicht verzweifelten Eindruck gemacht.«
Der Wanderer musste lachen. »Ja, in der Tat habe ich gerade eben bemerkt, dass ich im Kreis gelaufen bin.«
»Was für eine Art Wanderer bist du?«, fragte der Drache und schaute den Wanderer aufmerksam an. »Viele Menschen wandern nicht, weil es ihnen Vergnügen bereitet, sondern weil sie an dem Ort, an dem sie sich befinden, unzufrieden sind. Sie haben ein Ziel – und das ist das Glück. Glück, das sich immer irgendwo anders zu befinden scheint. Weit weg, nur nicht hier. Bist du solch ein Wanderer?«

»Ich war solch ein Wanderer. Für viele Jahre. Aber ich glaube … ich glaube, in den letzten Wochen habe ich viel dazugelernt.«

Der Drache brummte. Ob zustimmend oder zweifelnd war für den Wanderer nicht auszumachen.

»Als du eben gemerkt hast, dass du im Kreis gelaufen warst … hast du dich da gut gefühlt?«

»Nein, ich habe mich ein bisschen geärgert. Ich dachte, ich strenge mich an, komme meinem Ziel aber nicht wirklich näher.«

»Sobald man ein Ziel hat, wird die Reise anstrengend«, meinte der Drache. »Es zählt nur noch das Ankommen, und jeder Schritt kostet scheinbar Zeit und Energie. Dabei ist im Kreis zu gehen manchmal die viel bessere Art, zu wandern.«

»Tatsächlich?«, fragte der Wanderer etwas skeptisch.

»Wenn du nirgendwohin musst, geht es nur um die einzelnen Schritte, von denen du jeden einzelnen genießen kannst. Du wanderst, weil du es liebst, unterwegs zu sein. Du setzt einen Fuß vor den anderen, atmest die frische Waldluft tief ein, kannst Pausen machen, wann immer du willst, wann immer du erschöpft bist oder wann immer du den Anblick eines Tales oder eines majestätischen Berges länger genießen möchtest. Niemand drängt dich, vor allem du selbst nicht!«

»Und das Tao ist immer um mich herum … Dieser Gedanke war mir vorhin auch gekommen!«

»Aber er ist dir erst gekommen, als du Pause gemacht hast. Als du dich hingesetzt und die Wolken beobachtet hast. Als dir klar wurde, dass in diesen Bergen der Weg eher dich führt, als dass du ihn bestimmst. Deshalb ist es gut, wenn man ab und an im Kreis geht. Der Weg führt dich in die Irre, und das Tao schenkt dir einen Augenblick, in dem du nichts anderes tun kannst, als zu verweilen und das Geschehen so sein zu lassen, wie es nun einmal ist.«

»Wie in der Meditation …«

»Wie überall und zu jeder Zeit. Du möchtest irgendwohin und verirrst dich. Du möchtest etwas schnell erledigen und wirst aufgehalten. Du wünschst dir etwas und bekommst etwas anderes. In diesen Momenten schenkt dir das Tao sein bezauberndstes Lächeln und erzählt dir von Dingen, die geschehen und die du nicht ändern kannst. Du kannst nur zurücklächeln und das Geschenk des Tao dankbar annehmen. Du kannst die Gelegenheit ergreifen und deinen Blick auf dem ruhen lassen, was ist. Du kannst dich zurücklehnen, in den Himmel schauen und zufrieden sein mit dem, was dieser Augenblick dir offenbart. Die Wolke am Himmel, die damit einverstanden ist, verschiedene Formen anzunehmen oder sich aufzulösen.«

»Und wenn schlimme Dinge geschehen, die ich nicht ändern kann?«

»Dann wirst du Schmerz erfahren, der etwas in dir reifen lässt! Zu jedem Leben gehören Schmerzen dazu, das ist unvermeidlich. Niemand weiß, wozu genau sie gut sind, aber es ist offensichtlich so. Wahrscheinlich brauchen wir alle Erfahrungen, die die ganze Bandbreite von Gefühlen in uns hervorlocken. Nur so entdecken wir unseren inneren Reichtum. Nur so kannst du ganz Mensch sein und ich ganz Drache! Zufriedenheit bedeutet ja nicht, dass du nie etwas unternehmen solltest. Wenn du die Möglichkeit hast, gute Dinge zu vollenden oder schlimme Dinge von dir oder anderen Wesen abzulenken, solltest du das tun. Aber du solltest dich nicht noch zusätzlich grämen, wenn einmal etwas nicht gelingt. Das hilft niemandem! Dein Bein schmerzt, aber dein Ärger über diesen Schmerz ist das eigentliche Leid. Zufriedenheit bedeutet ein grundsätzliches Ja zum Leben. Ja zu Erfahrungen, ja zu Wandel, ja zu Wegen, die uns im Kreis herumführen und uns dennoch nicht auf der Stelle treten lassen. Wir fließen mit dem Tao – und an einer bestimmten Stelle im Leben führt uns das Tao im Kreis herum, weil wir etwas Bestimmtes lernen sollen. Oder auch einfach nur, weil an dieser Stelle das Tao nun einmal im Kreis fließt und wir diese Karussellfahrt um ihrer selbst willen genießen können!«

Der Drache schwieg. Seine großen, blauen Barteln zuckten vor und klopften dem Wanderer leicht auf den Kopf. »Verstanden?«, fragte er und grinste wieder breit.

Der Wanderer lachte. »Alles, was geschieht, ist also wie die Wolken. Alles entsteht, ändert sich und löst sich wieder auf.«

»Ja. Deswegen ist aber nichts unbedeutend oder illusorisch. Alles ist nur Wandel von einem ins andere. Wenn du mit diesem Wandel in Einklang bist, wird dir stets eine innere Zufriedenheit zu eigen sein. Dann wird in dir eine natürliche Weisheit lebendig, die dir hilft, das Leben in seiner Tiefe zu verstehen, das Tao in allem zu entdecken und Leute zu erschrecken, die auf Wolken starren.«

Mit dem Tao fließen, sich dem Tao anvertrauen, dem natürlichen Lauf des Tao folgen – all diese Formulierungen darf man nicht so verstehen, als würde hier gefordert, sich einem unausweichlichen Schicksal auszuliefern.

Das Tao ist keine Vorherbestimmung, sondern der natürliche und lebendige Prozess unserer Welt, an dem wir teilhaben und mit dem gemeinsam wir uns entfalten. Es ist nichts, das mit unerbittlicher Hand über uns herrscht.

Worum es bei der Zufriedenheit im Sinne des Tao geht, ist ein Sich-Einfinden in die naturgemäßen Abläufe des Lebens und ein Annehmen derselbigen. Alles hat seinen Rhythmus, alles ist Teil des großen Liedes. Wenn wir dieses große Lied in uns vernehmen können, sind wir in der Lage, mitzusummen, wie bei einem Ohrwurm, den wir zum x-ten Mal im Radio hören.

Wir erkennen den Wandel als naturgegeben und können auch seine Melodie als schön empfinden. Wir lauschen dem Rhythmus der Jahreszeiten, dem Wechsel von Saat und Ernte, dem Kommen und Gehen der Zugvögel, und gleichen unser Handeln diesem Rhythmus an.

»Der Mensch folgt der Erde. Die Erde folgt dem Universum. Das Universum folgt dem Tao. Das Tao folgt nur sich selbst.« (Vers 25) Natürlich können wir uns auch diesen Rhythmen entgegenstellen, wie es viele Menschen und manche Gesellschaftsformen zu tun versuchen. Wir können uns von der Natur abkoppeln, ihre Zyklen nicht beachten, auf unsere Umwelt keine Rücksicht mehr nehmen, sondern nur uns selbst als Maß aller Dinge einsetzen. Wie »gut« dieser Weg funktioniert, können wir anhand der seelischen Entfremdung, den daraus folgenden Erkrankungen von Psyche und Körper, der um sich greifenden Umweltzerstörung und dem mangelnden Glücksempfinden ganzer Nationen sehen. Wir sind frei, und nichts ist vorherbestimmt, aber es ist dennoch klüger, der Natur zu folgen, anstatt sie sich Untertan machen zu wollen. Auch den Wandel – und damit ebenso Tod und Verlust – zu akzeptieren, ist eine weitaus reifere Einstellung als der verzweifelte Versuch einer permanenten Leugnung von Tatsachen.

Zufriedenheit ist ein Ja zum Wandel und ein Ja zu dem, was in diesem Augenblick ist. Sehr schön kommt diese Sichtweise auf das Leben in einem berühmten Gemälde zum Ausdruck, das vor langer Zeit in China entstanden ist und das den Namen »Die Essigkoster« trägt. Das Bild, das man auch heute noch als Reproduktion in jedem Krämerladen in China bekommt, zeigt drei Männer, die um ein Fass mit Essig herumstehen. Es sind drei Weise, die für China prägend waren: Konfuzius, Buddha und Laotse. Alle drei haben den Finger in das Essigfass gesteckt und die Flüssigkeit probiert. Konfuzius verzieht auf dem Bild das Gesicht. Ihm schmeckt der Essig sauer – wie ihm wohl auch das Leben sauer schmeckte, das er versuchte, mit einer Unzahl von Regeln so einzurichten, dass es seinen Ansprüchen genügte. Auch Buddha sieht nicht gerade glücklich aus. Er findet den Essig bitter – wie er das Leben als bitter empfand, als endlosen Kreislauf der Wiedergeburt, aus dem es sich zu befreien gilt. Einzig Laotse lächelt. Er findet den Essig süß. Süß und interessant wie das Leben, das sich in diesem Moment als Essiggeschmack auf seiner Zunge entfaltet. Für ihn gibt es nichts, was in diesem Augenblick anders sein müsste, nichts, was durch Disziplin oder Regeln geordnet werden müsste, nichts, aus dem man sich befreien müsste. Laotse ist zufrieden mit dem, was er bekommt – und das ist heute nun einmal Essig.

Diese Genügsamkeit und dieses Lächeln prägen den ganzen frühen Taoismus. Der, dessen Seele offen und groß ist, kann vieles annehmen, der hat Platz in sich für gegensätzliche Erfahrungen, für die Schönheit und die Grausamkeit der Natur, für den Kreislauf von Geburt, Tod und Wiedergeburt, für die Freude und für die Trauer. Laotse und Tschuang-tse waren sicher große Seelen. Von ihnen zu lernen lohnt sich. Bei Lehrern, die über sich und ihre eigene Lehre auch einmal lachen können, ist man gut aufgehoben.

Überhaupt ist das eines der hervorstechendsten Merkmale des frühen Taoismus: Die Dinge nicht zu eng zu sehen! Nicht eine unverrückbare Position einnehmen und diese bis aufs Mark verteidigen, sondern der Situation Raum lassen und weise dem Augenblick angepasst handeln.

Wenn wir von Zufriedenheit sprechen, dann schließt dieser Zustand natürlich nicht aus, dass wir unsere oder die Situation unserer Lieben verbessern können und sollten, wenn wir uns dazu in der Lage sehen und die Umstände entsprechend günstig sind. Auch wenn der Taoismus grundsätzlich eine Philosophie des Genügens ist, ihm ein Anhäufen von Besitz und Macht zutiefst fremd ist, heißt das nicht, dass wir nicht kluge und gute Geschäfte machen können. Die Lebenskunst des Tao setzt hier nur eine natürliche Grenze, wo der Preis des Erfolgs zu hoch ist und wir unsere Gesundheit, unser Glück oder unsere moralische Integrität aufs Spiel setzen.

So heißt es im 44. Vers des Tao Te King: »Wer sein Herz an andres hängt, verbraucht notwendig Großes. Wer viel sammelt, verliert notwendig Wichtiges.« (in der Übersetzung von Richard Wilhelm) Derjenige, der also Besitz um des Besitzes willen anhäuft und dabei auch vor fragwürdigen Geschäften nicht zurückschreckt, verbraucht Großes: seine Ehrlichkeit, seine Glaubwürdigkeit, seine Ehre.

Darum rät Laotse weiter: »Gib dich zufrieden mit dem, was du hast; erfreu dich am Sosein der Dinge. Wenn du einsiehst, dass nichts dir fehlt, gehört dir die ganze Welt.«

Sich am Sosein der Dinge zu erfreuen. So könnte man wohl den ganzen Taoismus in einem Satz zusammenfassen. Ein Garant für ein zufriedenes Leben!

Die folgende Meditationsübung dient dazu, eine Sichtweise zu entwickeln, mit der man die Dinge anschaut, ohne sofort in den Automatismus zu verfallen, um sie herum eine Geschichte zu spinnen. Mit anderen Worten: Wir lernen hier im geschützten Rahmen einer Meditation, ein Autohupen einfach als Autohupen wahrzunehmen – und nicht als »das absichtliche Stören meiner Ruhe durch diesen rücksichtslosen Irren, der nur darauf gewartet hat, dass ich mich auf mein Kissen setze«.

Du verstehst, was ich meine?! Wenn wir die Sicht auf die Dinge, die wir in dieser Meditation entwickeln durch lange Praxis mit in unseren Alltag nehmen können, machen wir uns und anderen das Leben eine ganze Spur einfacher.

ÜBUNG 3:
DIE DINGE ANNEHMEN, WIE SIE SIND

Setze dich bequem auf einen Stuhl, ein Meditationskissen oder auch ein Meditationsbänkchen. Nimm eine aufrechte Haltung ein, ohne dich dabei zu verkrampfen. Entspanne Nacken und Schultern, lege deine Hände in den Schoß oder auf deine Knie. Die Augen kannst du wie bei Übung 1 (Mit dem Drachen atmen) entweder sanft schließen oder auch geöffnet lassen. Wenn du deine Augen offen lassen möchtest, richte deinen Blick etwa eineinhalb Meter vor dir auf den Boden. Versuche, deinen Blick sanft ruhen zu lassen, fokussiere ihn nicht auf irgendetwas.

Atme nun ein paar Mal tief ein und aus, ganz langsam und bewusst. Gib deinem Körper und deinem Geist dadurch das Signal, dass sie nun nichts mehr zu tun haben, außer einfach nur zu sein.

Atme nun ganz entspannt weiter, lass den Atem einfach kommen und gehen. Ohne Anspannung, ohne zu versuchen, etwas zu kontrollieren.
Der Moment entsteht – du nimmst ihn einfach nur wahr.
Folge deinem Atem, und entspanne dich ganz im Fluss des Seins.

Wenn du jetzt etwas wahrnimmst, benenne einfach die Empfindung oder das Phänomen. Vielleicht schwirrt eine Fliege um dich herum. Denke dann ganz sanft: »Summen. Summen.«
Oder auch: »Fliege. Fliege.«

Vielleicht juckt es dich an der Nase. Denke einfach: »Jucken. Jucken.« Wenn ein Auto draußen hupt: »Hupen. Hupen.« Wenn dein Nachbar seine Stereoanlage aufdreht: »Musik. Musik.«

Benenne die Dinge nur, ohne sie zu beurteilen. So kannst du dich daran gewöhnen, die Dinge als das zu sehen, was sie sind: Phänomene, die absichtslos im Fluss des Tao auftauchen und wieder verschwinden.
Dadurch wird dein Geist fähig, sich nicht mehr an ihnen festzuhalten. Jetzt hupt das Auto. Und jetzt ist das Geräusch verklungen. Kein Grund, sich zu ärgern. Jetzt summt die Fliege. Jetzt ist sie fort. Kein Grund, sich zu ärgern. Jetzt juckt es. Jetzt hört das Jucken auf. Kein Grund, aufzuspringen und sich zu ärgern, weil man sich »schon wieder nicht richtig auf die Meditation konzentrieren konnte«. (Übrigens ist es auch keine Schande, sich einfach kurz zu kratzen.) Jetzt erklingt die Musik aus der Nachbarswohnung. Jetzt sind Klänge gegenwärtig. Kein Grund, durchzudrehen und sich Gedanken über Rücksichtslosigkeit oder Ähnliches zu machen.

Sieh die Dinge als das, was sie sind. Benenne sie. Nimm sie an, lass sie vergehen.
Atme still in deine Zufriedenheit hinein, die von keinem dieser Dinge und Vorkommnisse beeinflusst werden kann.

Beende deine Meditation. Nimm einen tiefen Atemzug, öffne deine Augen, recke und strecke dich, wenn du magst.
Fühle dich willkommen im gegenwärtigen Augenblick, und nimm deine Sichtweise aus der Meditation mit in deinen Alltag.

DER DRACHE DER UNVOLLKOMMENHEIT

Der Wanderer blieb einige Wochen beim Drachen der Zufriedenheit. Auch hier meditierte er gemeinsam mit dem Drachen, doch war diese Meditation anders, weniger formal, dafür spontaner und mit einem noch größeren Gefühl der inneren Leichtigkeit verbunden. Manchmal beobachteten sie einfach gemeinsam die Wolken, bis der Drache lachend sagte: »Das reicht für heute! Genug meditiert! Wir wollen uns schließlich nicht anstrengen, sondern leben.« Dann gingen sie miteinander spazieren, unterhielten sich, aßen und tranken miteinander. Der Drache erzählte Anekdoten aus seinem langen und ereignisreichen Leben, nahm dabei immer wieder sich selbst und auch den Wanderer auf den Arm. Er lachte viel und laut, wobei er seine Mähne schüttelte und sich den Bauch hielt. Und der Wanderer spürte, wie sich etwas in ihm mit jedem Gelächter des Drachen löste. Eine Schwere fiel von ihm ab, die ihn zeit seines Lebens begleitet hatte und die für ihn so normal geworden war, dass er sie gar nicht mehr bemerkt hatte. Erst jetzt, als sie langsam schwand, fiel sie ihm auf.

Als sie an einem Nachmittag spazieren gingen, trat der Wanderer plötzlich schief auf und knickte ein wenig mit dem Knöchel um, woraufhin sein Bein wieder begann, heftig zu schmerzen.

Der Wanderer stand vornübergebeugt da, hielt sich das Knie und sagte: »Du hast gemeint, dass die Schmerzen in meinem Bein einfach vorhanden wären, dass das Leid aber von meinem Ärger über die Schmerzen käme.«

Der Drache nickte, wobei seine Hörner die Äste der Bäume streiften.

»Wenn ich alles andere, das du noch gesagt hast, richtig verstanden habe, könnte ich durchaus mit den Schmerzen zufrieden sein, oder?!«

Der Drache lachte wieder dröhnend. »Nun ja, vielleicht wäre es besser zu sagen, dass du Schmerzen haben und trotzdem zufrieden sein könntest!«

Der Wanderer richtete sich wieder auf und ging leicht humpelnd weiter.

»Mich ärgert nicht einmal der Schmerz«, sagte er dann. »Mich stört vielmehr, dass mein Körper nicht heil, nicht ganz ist. Dass ich nicht das machen kann, was und wie ich es will.«

»Ich verstehe«, meinte der Drache mit sanfter Stimme. »Stört dich auch, dass du manchmal humpelst? Dass dein Körper nicht perfekt ist? Nicht perfekt funktioniert?«

»Wer ist schon perfekt?«, fragte der Wanderer zurück, erkannte jedoch selbst das Phrasenhafte an seiner eigenen Frage. »Aber du hast recht. Wenn ich ganz ehrlich bin, wünsche ich mir einen perfekten Körper.«

»Ich mache dir einen Vorschlag: Für dich ist es ohnehin Zeit, weiterzuziehen, obwohl ich es mag, mich mit dir zu unterhalten und mit dir zu lachen. Aber ich würde dir gerne einen Freund von mir vorstellen, der dir einiges zu diesem Thema sagen kann. Wenn du willst, bringe ich dich zu ihm. Du kannst auf meinem Rücken reiten und so dein Bein noch etwas schonen.«

»Auf deinem Rücken reiten? Meinst du das ernst?« Der Wanderer war völlig aus dem Häuschen. »Natürlich. Sofort. Ich meine … wann immer du willst …«

»Sofort ist eine gute Zeit«, lachte der Drache und ließ den Wanderer auf seinen Rücken klettern. Kaum saß dieser, schlängelte sich der Drache in die Lüfte und flog zu einem bewaldeten Berg, der wie ein riesiger Kegel emporragte.

Sie landeten vor einer Höhle, aus deren Innerem ein gewaltiges Schnarchen erscholl. Der Drache der Zufriedenheit rief etwas in einer Sprache, von der der Wanderer kein Wort verstand. Ja, er hätte nicht einmal sagen können, ob es überhaupt einzelne Wörter waren. Es klang eher wie eine fremdartige Melodie.

Das Schnarchen brach ab, und aus der Höhle kam der furchterregendste Drache gekrochen, den der Wanderer bislang gesehen hatte. Seine schwarzen, braunen und roten Schuppen schienen abgewetzt und stumpf zu sein, und an der linken Vorderpranke fehlten zwei Klauen völlig, währen die anderen nur aus abgebrochenen Resten bestanden. Dort, wo sein linkes Auge hätte sein müssen, war nur eine feuerrote, gezackte Narbe, die sich bis zum Mundwinkel hinab zog und die sein Gesicht noch angsteinflößender wirken ließ. Auch auf seiner Brust und seinen Schultern waren tiefe, aus längst vergangenen Tagen stammende Risse und Narben zu erkennen. Er antwortete mit einer Melodie, die rauchig und kratzig klang. Dann erst sah er den Wanderer.

»Entschuldige. Ich habe dich nicht gleich bemerkt, sonst hätte ich deine Sprache benutzt.«

»Dies ist ein Freund«, stellte der Drache der Zufriedenheit den Wanderer vor. »Er möchte, dass sein Körper perfekt funktioniert, und ich dachte, du könntest ihm vielleicht ein paar Worte zu diesem Wunsch sagen.«

Der einäugige Drache schaute dem Wanderer eindringlich ins Gesicht und nickte langsam, während sich der andere Drache wieder in die Lüfte erhob und ohne ein Wort des Abschieds verschwand.

»Komm herein, es wird gleich beginnen zu regnen«, sagte der Drache einladend.

Kein Wölkchen war am Himmel zu erkennen, aber der Wanderer setzte sich dennoch zögernd mit dem Drachen in den Eingang der Höhle.

»Du hast Angst vor mir«, stellte der Drache fest.

»Nein, ich …«

»Doch, das hast du. In deinen Augen sehe ich schrecklich aus. Nicht so bunt und freundlich wie meine Brüder. Nicht so makellos glänzend.«

»Nun, du … du siehst anders aus als die Drachen, die ich bislang kennengelernt habe. Aber das … das macht nichts … ich meine …«

»Du versuchst, höflich zu sein. Das ehrt dich, aber du musst mir nichts vormachen. Ich weiß, wie ich auf Menschen wirke. Aber meine Wunden sind meine Stärke, nicht meine Schwäche.«

Der Drache richtete sich auf, sodass er mit seinem Kopf fast an die Höhlendecke stieß. »Alle diese Narben trage ich mit Stolz, denn sie sind Teil meiner Geschichte. Sie machen mich zu dem, der ich bin. Ich bin der Teil des Tao, der vernarbt ist – der zerbrochen und doch ganz ist.«

Und der Drache erzählte dem Wanderer die Geschichten seiner Narben. Er erzählte ihm davon, wie er vor langer Zeit ein ganzes Dorf bei einem Vulkanausbruch gerettet hatte, noch ein letztes Mal zurückgeflogen war, um ein Kind zu holen, das sich versteckt hatte, und er dabei sein Auge verlor.

»Ein großer, glühender Felsbrocken traf mich. Herausgeschleudert aus den Tiefen der Erde. Er kostete mich mein Auge, aber das Kind durfte leben.«

Er erzählte vom Kampf mit einem Dämon, der Tausende von Jahren zurücklag. Er zeigte auf die Narben und Furchen auf seiner Brust und seinen Schultern, die ihm die Klauen dieses Wesens geschlagen hatten.
»Letztlich war ich stärker als er. Meine Narben sind das Einzige, das du in dieser Welt noch von ihm finden wirst.«
Der Drache brauchte lange, um alle Geschichten zu erzählen. Er war alt, und sein Leben war rau gewesen, bis vor neunhundert Jahren der Frieden kam. Der Wanderer hörte gebannt zu, während es draußen vor der Höhle zu regnen begann und langsam die Dämmerung hereinbrach.
»Jede Narbe hat ihre Geschichte. So ist es auch mit den Narben, die ihr Menschen habt. Narben sind ein Teil deines Selbst, sie gehören zu dir, erzählen von dir. Wenn du sie versteckst, dich ihrer schämst, verbirgst du einen Teil von dir, der dich ausmacht. Niemand kann dich wirklich kennenlernen, der nicht deine Narben gesehen hat.«
»Aber was ist, wenn mich diese Narben daran hindern, das zu tun, was ich möchte?«
»Gibt es nur eine einzige Sache, die du tun möchtest? Sieh mal, ich bin wohl der einzige Drache, der nicht fliegen kann. Als mich der Dämon verletzte, nahm er mir die Fähigkeit, zu fliegen. Ich weiß nicht, wie er das anstellte, aber ich habe mich seit diesem Tag nicht mehr in die Luft erhoben. Ich liege viel in dieser Höhle oder davor, beobachte die Tiere, die hier vorbeikommen, die sich in meiner Gegenwart wohlfühlen, da sie wissen, dass ich ihnen nichts tue. Ich sehe die Rehkitze und die roten Pandas, ich erfreue mich am Spiel der Otter und am Flug der Milane. Ich unterhalte mich mit meinen Brüdern und Schwestern, die mich besuchen, genieße die Sonne auf meinen Schuppen, höre dem Gesang des Regens zu, lausche den Zikaden und Fröschen. Ich habe gar keine Zeit, mir Gedanken über meine Flugunfähigkeit zu machen.«

»Aber ich spüre es doch jeden Tag, dass ich nicht richtig laufen kann.«
»Dann musst du langsamer gehen, dir mehr Zeit gönnen und in den Augenblicken, in denen du nicht mehr weitergehen kannst, deine Achtsamkeit auf die Schönheit um dich herum richten. Vielleicht würdest du manche dieser Momente gar nicht erleben, wenn dein Bein gesund wäre und du schneller laufen könntest. Vielleicht würdest du an der Schnecke mit ihrem kunstvollen Haus einfach vorbeirennen, die Tautropfen im Farn nicht sehen … Richte deinen Blick auf die Wunder, die dich umgeben, und nicht auf das Einzige, was nicht richtig funktioniert! Auch wenn etwas zerbrochen ist, ist es dennoch vom Tao umgeben!«
Der Wanderer blickte nachdenklich zu Boden.
»Vielleicht hast du recht … vielleicht will ich etwas, was nur in meiner Vorstellung existiert, und übersehe dabei all das, was wirklich ist.«
Der Drache brummte zustimmend. »Immer, wenn du etwas ganz Bestimmtes willst, engst du deinen Geist ein. Du willst Sonnenschein und ärgerst dich, wenn es regnet. Dabei übersiehst du aber die Schönheit des Regens, bemerkst seinen Klang nicht, bist dir seines Nutzens für alle Pflanzen und Tiere nicht bewusst, dir entgeht der Duft der Welt, wenn er die Luft reinigt, und so vieles mehr.«
»Ich glaube, ich verstehe. Aber wie hast du das gemeint, dass die Narben uns ausmachen würden? Und dass sie unsere Stärke, nicht unsere Schwäche seien?«
»Einen Aspekt davon habe ich dir gerade erklärt. Ohne deinen angeblichen Mangel wärest du zwar beweglicher und schneller, würdest aber an vielen Dingen einfach vorbeilaufen. Also kannst du dankbar für deine Einschränkung sein, die dir so vieles zeigt. Das gilt auch für Narben oder Wunden, die man nicht mit dem bloßen Auge sehen kann. Ihr Menschen fügt euch Narben zu, die

viel tiefer liegen und gegen die meine Narben harmlose Blessuren sind. Und dennoch: Auch wenn dir innere Wunden Schmerzen bereiten, so kann in ihnen doch auch unglaublich viel Gutes verborgen liegen. Vielleicht ist es solch eine Wunde, die dich verletzlich macht, die dich öffnet für die Welt, die dir zeigt, was es heißt, wahres Mitgefühl zu haben. So wird die Wunde zu einem Teil deines Wesens, das dich ausmacht, das zeigt, wer du bist – und gleichzeitig zu deiner Stärke, denn obwohl du verletzt bist, kannst du dich doch mehr auf die Welt einlassen, kannst in ihr heilsamer agieren und ihr mehr von dir schenken.«

»Ist dir die Welt näher als deinen Brüdern?«

»Mit meinem verbliebenen Auge habe ich gelernt, ganz genau hinzuschauen, nicht dem äußeren Anschein zu trauen, sondern in die Seele meines Gegenübers zu blicken. Dadurch, dass ich selbst eingeschränkt bin, weiß ich, was es bedeutet, Krankheit und Leid zu erfahren. Deshalb bin ich den Tieren hier im Wald ein guter Freund, wenn ihnen einmal etwas zustößt. Ich weiß, dass es Schwäche gibt, weil ich selbst schwach bin. Und genau das macht mich stark, verstehst du?«

Der Wanderer nickte. Es war ihm, als würde dieses Wesen, das die meisten Menschen gewiss als Monster betrachten würden, nichts zurückhalten und ihm einen Blick hinter sein furchterregendes Äußeres gestatten. Dieser Drache war gänzlich offen in seiner Verletzbarkeit – er zeigte seine Seele jedem, der bereit war, sie zu sehen.

»Schlaf nun«, sagte der Drache. »Für heute hast du genug gehört. Morgen wird mich jemand besuchen, von dem du ebenfalls lernen solltest. Der furchtloseste Krieger, dem ich je begegnet bin. Du wirst sehen. Sehen, staunen und lernen … doch jetzt schlaf. Schlaf …«

In Japan gibt es eine wundervolle Tradition, die die Vollkommenheit der Unvollkommenheit auf eine ganz besondere Weise ausdrückt und feiert. Zerbricht in dieser Kultur ein Gefäß, das sich schon seit einiger Zeit im Besitz der Familie befindet, so wird es nicht in einer Art repariert, dass es wie neu aussieht. Und keinesfalls wird es weggeworfen. Dort gibt es seit dem 16. Jahrhundert die sogenannte Kintsugi-Technik, bei der die Risse im Material mit Gold aufgefüllt und so die einzelnen Teile des jeweiligen Gefäßes wieder miteinander verbunden werden. Durch diese Technik entstehen atemberaubende Kunstwerke, denen man ansieht, dass sie einmal zerbrochen waren, die nun aber durch die goldgefüllten Risse eine ganz eigene und vor allem einzigartige Schönheit erhalten haben. Hier wird nicht so lange ein Makel kosmetisch behandelt, bis er unsichtbar ist, sondern im Gegenteil wird gerade der vermeintliche Makel hervorgehoben und im wahrsten Sinne des Wortes vergoldet.

Damit entspricht dieses Gefäß dann einem Schönheitsideal, das in Japan *Wabi-Sabi* genannt wird. Hinter *Wabi-Sabi* steht die Überzeugung, dass nur das, was eine sichtbare Geschichte vorweisen kann, auch wirklich schön ist. Authentizität ist hier wichtiger als Makellosigkeit. Dinge, denen die Patina des jahrelangen Gebrauchs anhaftet, werden als schöner erachtet als fabrikneue Produkte. Ein Kratzer, ein Riss, eine Delle, eine nicht ganz gerade Linie offenbaren eine Poesie des Alltags, wie sie sterile Massenprodukte nicht hervorzubringen vermögen.

In der Kunst und der Architektur Japans hat dieses Konzept erstaunliche Spuren hinterlassen. Und auch die japanische Kalligrafie zeugt von *Wabi-Sabi:* Nur der lebendige Strich, der Schwung

des Pinsels, der in aller Einfachheit das richtige Maß findet, wird als schön empfunden.
Vielleicht können wir dieses Ideal auf unser Leben übertragen, das oft zwischen vielen Ansprüchen von außen und auch innen zerrieben wird. Vielleicht können wir erkennen, dass gerade die scheinbare Unvollkommenheit uns Lebendigkeit und Schönheit schenkt, dass gerade die Geschichten, die sich als Falten in unserem Gesicht eingegraben haben, uns ausmachen und zeigen, wer wir wirklich sind. Gesichter, die von einem wirklichen Leben in all seiner Tiefe berichten können, sind weitaus schöner als die ausdruckslose Oberfläche einer Schaufensterpuppe oder die mit Photoshop bearbeiteten Hochglanzbilder ätherischer Models. In unserer Welt gibt es so viel Künstlichkeit, so viel geschönte Selbstdarstellung, so viel botox-induziertes Dauergrinsen, dass uns das Gefühl für das Echte immer mehr abhandenkommt.

Aber ganz ehrlich: Möchten wir von Masken umgeben sein? Möchten wir, dass die Menschen, die wir lieben, sich vor uns verbergen, weil sie glauben, das würde von ihnen erwartet? Ist es nicht vielmehr das Echte, der ganze Mensch, den wir wahrhaft sehen wollen? Ist es nicht das wirklich Menschliche, das uns berührt?

Mich zumindest treffen diese Momente ins Mark, in denen mir Menschen unverstellt einen Einblick in ihr wahres Ich gewähren. Ich habe diese Augenblicke ehrlicher Menschlichkeit erlebt in Nächten, in denen ich in 24-Stunden-Tankstellen gejobbt habe und viel mit Alkoholikern und Obdachlosen zu tun hatte, in Notaufnahmen von Krankenhäusern, wo die Sorge der Menschen greifbar wurde und sie sich ihrer Tränen nicht schämten, in schmierigen Blueskneipen, wo die über den Gürtel hängenden

Wampen genauso ehrlich waren wie das herzhafte Lachen. Auch auf Bahnhöfen und Flughäfen, wo Abschied und Wiedersehen so nah beieinanderliegen, auf Seminaren, nachdem die größten Zweifler und Zyniker von ihrer ersten schamanischen Reise förmlich »aufgebrochen« wurden, und in vielen Gesprächen mit Menschen, die ihren Glauben verloren hatten oder keinen Zugang mehr zu ihrer eigenen Tradition gewinnen konnten. In all diesen Momenten, bei all diesen Begegnungen wurden die Masken beiseitegelegt, und der wirkliche Mensch kam in seiner ganzen natürlichen Schönheit, seiner Güte, seinen Zweifeln und Ängsten, seiner Großartigkeit und seiner Liebe zum Vorschein.

So können ein wirkliches Gespräch und ein wirkliches Einander-Sehen stattfinden, die wie die Kintsugi-Technik die Narben, die wir alle tragen, sichtbar machen und vergolden. Unsere Unvollkommenheit ist unser schönster Schmuck, denn sie macht uns erst zu echten Menschen.

ÜBUNG 4: UNSERE NARBEN LEUCHTEN LASSEN

Setze oder lege dich bequem auf den Boden, und schließe sanft deine Augen. Entspanne deinen Körper und deinen Geist in einer Position, in der du dich wohlfühlst und in der du die Stille des Tao achtsam genießen kannst.

Spüre die Erde, die unter dir ruht und dich trägt. Spüre die Weite des Himmels, der sich offen über dir ausspannt und dich behütet.

Werde dir deines Atems bewusst, achte darauf, wie der Atem kommt und geht, jeder Atemzug und jeder Moment neu und unverbraucht.
Dein Gesicht entspannt sich, deine Schultern, dein Rücken, deine Arme und Beine …
Alles Schwere fällt ganz natürlich von dir ab, und dein Geist ist leicht und frei. Wie von selbst geht er auf Reisen …

Langsam sinkst du in die Welt deiner Vorstellungskraft. Verschwommen erblickst du Hügel und ferne Berge. Alles liegt in einem dichten Nebel verborgen – die Bäume nur Schemen, die Tiere nur Schatten, ihre Geräusche fern und dumpf. Kaum etwas ist zu erkennen in dieser grauen Welt. Da siehst du einen großen Schatten, der immer näher kommt. Ein gewaltiges Wesen, das durch den Nebel zu schwimmen scheint und die Schlieren teilt. Direkt vor dir lässt der Drache sich nieder, doch auch seine Farben kannst du nicht wirklich erkennen.

Er beugt sich zu dir herunter und sagt mit einem Lächeln in der Stimme: »Wenn du sichtbar wirst, wird auch die Welt sichtbar!«
Dann haucht er dich vorsichtig mit seinem warmen Atem an. Wie ein lauer Wind umweht dich der Drachenatem, durchdringt deine Kleidung und deine Haut, bahnt sich seinen Weg in dein Innerstes. Mit jedem Atemzug, den der Drache macht, haucht er dich an.

Du spürst, wie sich etwas in dir verändert. Dir werden deine Narben bewusst, die du schon so lange trägst, die du schon so lange versteckst.
Wie die Glut eines Feuers durch einen Blasebalg entfacht wird, so beginnen deine Narben langsam durch den Atem des Drachen zu glimmen. Deine inneren und deine äußeren Narben, die seelischen und körperlichen Scharten, die das Leben dir geschlagen hat, beginnen, sich zu erwärmen und zu leuchten.

Immer weiter haucht der Drache dich an, immer heller leuchten deine Narben. Ein goldenes Licht strömt aus ihnen hervor, tritt immer stärker nach außen, strahlt in die Welt hinaus.

So, wie die Sonne Wolken und Nebel auflöst, vertreibt auch dein Licht nach und nach die Nebelschwaben, die die Welt verhüllen. Zuerst kannst du den Drachen erkennen, der sich vor dir niedergelassen hat und dich weiter anhaucht, die Glut deiner Narben weiter anfacht.

Dann erkennst du die Bäume und Büsche, ihre einzelnen Blätter. Du siehst die Steine und Felsen, das Gras, die kleinen und großen Tiere. Du hörst die Vögel nun klar und deutlich.

Der Drache atmet tief ein und setzt sich vor dir auf. »Die Welt tritt hervor, wie du hervortrittst«, sagt er. »Wenn du lebst, wer du wirklich bist, heben sich die Nebelschleier, und alles wird von Klarheit erfüllt. In deinen Wunden liegen ein Leuchten und eine Kraft verborgen, die du nicht vor der Welt verstecken musst. Leuchte! Leuchte als derjenige, der du bist – mit allem, was zu dir gehört!«

Du verbeugst dich vor dem Drachen und bedankst dich.
Sage dem Drachen Lebewohl, und vertraue darauf, dass du ihn wiedersehen wirst. Irgendwo, irgendwann auf deinem Weg …

Er erhebt sich in die Luft, fließt durch das Tao, durch den Himmel, entschwindet langsam deinem Blick.

Du stehst in der Landschaft deiner Seele, die sich nun in aller Schönheit vor dir ausbreitet. Du atmest ein, atmest aus …

Angekommen im Augenblick, ruhig und voller Kraft, ein inneres Leuchten, sichtbar für die Welt, aufgehoben im Tao.

Öffne nun langsam deine Augen.
Möge dein Leben im Fluss sein, möge dein Leben dich mit tiefer Zufriedenheit beschenken.

DER DRACHE DER FURCHTLOSIGKEIT

Als der Wanderer am nächsten Morgen erwachte, hatte es fast aufgehört, zu regnen. Nur noch leise tröpfelte es vor der Höhle von den Blättern der Bäume.

»Jeder Tropfen ein perfekter Klang«, sagte der Drache, als er sah, dass der Wanderer die Augen geöffnet hatte. »Jeder Tropfen Teil eines großen Liedes. Ohne die eigene Schönheit zu bemerken, tragen sie dazu bei, dass alles schön wird.«

Der Wanderer schwieg. Gemeinsam mit dem Drachen saß er in der Höhle und lauschte der Melodie dieses Morgens, gewoben aus Regentropfen, Blätterrascheln und leisen Rufen der Vögel. Minuten vergingen. Stunden. Der Wanderer lächelte still. Ein Fuchs schlich vorbei und schaute neugierig in die Höhle, verschwand dann wieder im feuchten Blattwerk der Büsche. Wie ein Zauber lag die Stille auf dem Wanderer.

»Vollkommene Stille wäre niemals so schön«, sagte der einäugige Drache leise. »Nur die Unvollkommenheit der Stille, ihr Unterbrochen-Sein durch die Regentropfen, die leisen Schritte des Fuchses und das Rascheln in den Blättern, lässt sie uns überhaupt wahrnehmen. Stille ist nicht die Abwesenheit von Tönen, sondern der Raum, der zwischen den Tönen für uns spürbar wird.«

Der Wanderer war unfähig, zu sprechen. Es gab keinen Anlass, nichts, was seine Lippen verlassen wollte. Er saß einfach da, bis er andere Töne in der Melodie vernahm, ein Schwirren und Brausen.
»Mein Besuch kommt«, sagte Einauge.
Das Schwirren wurde lauter, und dann landete vor der Höhle ein bronzener Drache mit oranger Mähne und grünlich schimmernden Augen, die den Wanderer – selbst auf diese Distanz – sofort in ihren Bann zogen. Er war kleiner als die anderen Drachen, die der Wanderer bislang getroffen hatte, schmaler, filigraner und dennoch auf eine verblüffende Weise beeindruckend. Er bewegte den Kopf nach links und nach rechts, und der Körper folgte schlängelnd diesen Bewegungen, während er den Wanderer weiterhin ansah, der unwillkürlich aufgestanden war. Dann kam er näher, wobei es schien, als fließe er in die Höhle herein. Direkt vor dem Wanderer richtete er sich auf. Trotz seiner vergleichsweise geringen Größe ging etwas Majestätisches von ihm aus. Der Wanderer wollte sich verbeugen oder auf die Knie fallen, doch in diesem Moment begann der bronzene Drache zu flüstern: »Lass mich dich sehen. Zeig dich mir.«
Die Augen des Drachen glühten in einem grünen Licht, das den Wanderer förmlich zu durchdringen schien. Dem Wanderer war, als würde ihm bis auf den Grund seiner Seele geblickt. Er wollte wegrennen, sich verstecken, doch der Drache hielt ihn mit seinem Blick wie gefangen. »Hab keine Angst«, drang die flüsternde Stimme wieder in das Ohr des Wanderers, obwohl der Drache sein Maul nicht bewegte. »Ich sehe alles, doch ich urteile über nichts. Sieh in meine Augen, und auch meine Seele wird sich dir offenbaren.«
Der Wanderer blickte in die Augen des Drachen und versank in einem grünen Meer. Er erblickte tobende Wellen, verborgene Strömungen, Strudel und Wirbel. Dann sank er tiefer, und Ruhe kehrte ein. Wie ein wärmender Mantel umhüllte ihn das grüne

Licht, in das er immer tiefer vordrang. Er sah Tränen, hörte Lachen, empfand in einem Moment eine furchtbare Leere und im nächsten Augenblick eine tiefe Zugehörigkeit, von der er nicht gedacht hätte, dass es sie in dieser Form gäbe. Er sah fliegende Drachen und Kämpfe, er sah meditierende Drachen und spürte ihre Ruhe. Er sah Zeitalter vorbeifliegen, sah den Wechsel von Geburt und Tod, spürte unbändige Freude und schrecklichen Verlust. Immer tiefer sank er, bis er ein schlagendes Drachenherz sah, das wie eine riesige Trommel in seinen Ohren dröhnte, bis nichts anderes mehr in seinem Bewusstsein Platz hatte als dieser Rhythmus. Dann sah er den tiefen Riss, den das Herz durchzog und aus dem noch mehr Licht drang. Es wurde immer heller, blendete ihn mit einer eigenartigen Schönheit, die ihm die Tränen in die Augen trieb … und dann spürte er, wie er fiel … und auf dem Boden der Höhle landete.

Keuchend atmete der Wanderer aus, schüttelte benommen seinen Kopf und blickte zum Gesicht des bronzenen Drachen auf.
»Jetzt kennen wir uns«, sagte der Drache. »Nun können wir miteinander reden!«
»Was … war das?«, stammelte der Wanderer.
»Ich habe meine Seele vor dir entblößt. Ich habe dir erlaubt, mein Drachenherz zu sehen, meine Geschichte, meine Tränen und mein Lachen. Alles, was ich bin, hast du mit eigenen Augen gesehen. Und ich habe ebenso in deine Seele geblickt, deinen Weg gesehen, deine Suche, deine Sehnsucht, deinen Schmerz und dein Licht. Wir sind uns offenbar ähnlicher, als wir beide dachten.«
»Ich wusste nicht, dass auch ihr Verlust erleidet und Schmerzen habt.«
»Jedes Wesen erleidet Verlust in der einen oder anderen Form. Das ist nicht vermeidbar.«

»Und dieses Licht?«, fragte der Wanderer.
»Auch dieses Licht ist in jedem Wesen. Es scheint aus den Rissen, die unserem Herzen vom Leben zugefügt werden. Meist haben wir Angst, dass jemand diese Risse entdeckt. Und so versuchen wir, uns zu verstecken, wegzulaufen, Masken aufzusetzen und uns zu verstellen und jemand anderes darzustellen, als wir wirklich sind. Du hattest eben auch diesen Impuls, oder nicht?!«
»Ich hatte das Gefühl, plötzlich nackt zu sein … ausgeliefert …«
»Das kann ich verstehen. Fast jeder hat diesen Impuls. Doch wenn wir die Risse in unseren Herzen nicht offenbaren, ist auch das Licht unsichtbar. Wenn wir in uns Mauern errichten, die andere von unseren Verletzungen fernhalten sollen, sind in uns nur Schatten und Düsternis. Doch wenn wir unsere Wunden nicht verstecken, kann unser Licht strahlen. So liegt in unseren Wunden unsere größte Stärke verborgen. Da ist nichts, dessen wir uns schämen müssten.«
»Dieses Licht … dein Licht … es war wunderschön!«
»Deines ebenso. Die Wunden, die dir geschlagen wurden … dieser Riss in deinem Herzen hat dem Licht erlaubt, hervorzutreten. Dieses Licht ist es, das dich innerlich leitet, das dich auf die Suche geführt hat, das dich hierher gebracht hat. Hättest du keine Wunden, wärest du nie aufgebrochen. Und je mehr du dich mit deinen Wunden anfreundest, desto stärker kann dein Licht leuchten, desto heller wird es in deiner Umgebung, desto besser kannst du den Weg erkennen, desto eher findest du dein wahres Zuhause. Lass die Welt deine Risse sehen, lass die Menschen in deinen Augen etwas entdecken, was auch in ihnen selbst verborgen ist und angenommen werden möchte.«
»So, wie Einauge seine äußeren Narben mit Stolz trägt, soll auch ich meine inneren Narben zeigen?«

»Du musst dich nicht auf den Dorfplatz stellen und sie jedem offenbaren. Aber wenn du spürst, dass du mit Menschen eine wirkliche Begegnung hast, dann kannst du dich ihnen öffnen und sie einen Blick in dein Innerstes tun lassen. Trage deine Seele in deine Augen und dein Herz auf der Zunge.«

»Kann ich dann nicht noch mehr verletzt werden?«

»Natürlich. Deshalb ist ein offenes Herz das mutigste Herz überhaupt. Nur ein offenes Herz, das riskiert, verletzt zu werden, ist ein lebendiges Herz. Wenn du dich immer versteckst, dann tust du nur so, als ob du leben würdest. Wer liebt, offenbart sich und macht sich verwundbar – aber aus Angst nicht zu lieben, ist ein großer Fehler. Sei dir gewiss: Dein Herz wird niemals entzweibrechen und zerstört werden. Es bekommt Löcher und Risse, wird deformiert und geschunden, aber mit jeder dieser Verletzungen wird das innere Licht immer sichtbarer, und dein Herz wird immer schöner. Ein furchtloses Herz wird auf diese Weise vielleicht verletzt, doch es wird durchströmt von der Welt, es atmet die Welt, fühlt die Welt. Ein eingemauertes Herz weigert sich, zu fühlen, und erstickt langsam.«

»Furchtlosigkeit bedeutet, mich zu zeigen?«

»Furchtlos zu sein heißt, auf einem Hügel zu stehen, ohne Rüstung, ohne Schwert, ohne Helm. Es heißt, seine Brust zu öffnen, sein Herz in die Hände zu nehmen und es der Welt entgegenzustrecken. Tue dies, und du wirst niemals wieder Angst haben. Du wirst durch die Welt gehen wie ein Drache! Voller Sanftmut, voller Verständnis, voller Stärke!«

Der Wanderer sagte nichts mehr. Gedankenverloren saß er auf dem Boden der Höhle, dachte an die vielen Momente in seinem Leben, in denen er sich versteckt hatte, in denen er seinen eigenen Weg infrage gestellt hatte, in denen er geschwiegen hatte, als er etwas hätte sagen sollen, in denen er seine Liebe nicht offenbart hatte, weil die Angst vor Verletzungen ihn davon abgehalten hatte, in denen er eine Maske getragen hatte, von der er geglaubt hatte, andere würden sie lieber sehen wollen als sein wahres Gesicht.

»Es gibt jetzt nichts zu bereuen«, sagte der Drache, als hätte er die Gedanken des Wanderers gelesen. »Dieses Licht in deinem verwundeten Herzen ist das Gesicht, das du schon vor deiner Geburt getragen hast. Ab heute kannst du es der Welt ohne Scheu zeigen.«

Wir alle sind viel weicher, als wir zugeben möchten. Und wir alle sind viel stärker, als wir selbst glauben. Als Kinder ist uns eine Furchtlosigkeit zu eigen, die wir später meist verlieren. Vielleicht müssen wir uns daran erinnern, wie es ist, ein Kind zu sein, um uns selbst und unsere innere Stärke wiederzuentdecken. Als Kinder haben wir uns nicht wirklich dafür interessiert, welche Kleidung wir anhatten und welche Haarschnitte wir spazieren führten. Wir sahen vielleicht lächerlich aus, aber ein Pirat trug nun einmal auch im Hochsommer Gummistiefel, ganz egal, was die anderen sagten. Wir weinten um die tote Amsel, die wir im Garten entdeckt hatten, und schämten uns unserer Tränen nicht im Geringsten. Wir sangen aus vollem Hals, wenn uns danach war, oder tanzten zu Musik durch die Wohnung, die nur wir hören konnten. Wir liebten bedingungslos: unsere Eltern, den Nachbarshund, unseren Teddybären. Das Gefühl der Scham war uns völlig fremd. Gerade weil unser Ego noch nicht so stark entwickelt war und demnach auch nicht so angreifbar, so auf Verteidigung seiner Grenzen geeicht, konnten wir ganz wir selbst sein. Erst viel später wurden wir cool und zynisch, bauten diese lächerliche Festung auf, innerhalb derer wir unsere Zartheit, von der alle sagten, sie sei fehl am Platz, verstecken konnten.

Wenn wir diese Festung nun wieder verlassen, gehen wir das Risiko ein, dass wir ausgelacht und verletzt werden. Wenn wir uns nicht verschließen, kann der Schmerz, der in der Welt vorhanden ist, zu uns durchdringen. Wir können Opfer von Rücksichtslosigkeit werden. Doch all dies ist keine wirkliche Gefahr, wenn wir unsere Weichheit und Geschmeidigkeit wieder erlangen. Das Tao Te King sagt im 76. Vers: »Die Pflanzen kommen zart und biegsam zur Welt; tot sind sie spröde und dürr. Demgemäß gilt: Wer steif und starr ist, ist ein Schüler des Todes. Wer weich und nachgiebig ist, ist ein Schüler des Lebens. Das Starre und Steife wird zerbrechen, das Weiche und Geschmeidige wird sich durchsetzen.« Leben bedeutet, mitzufließen, nicht in einer Rüstung zu erstarren. Die Rüstung wird rosten, wird spröde werden und verrotten. Das Leben bleibt geschmeidig und wächst. Kinder fallen, weinen und stehen wieder auf. Erwachsene fallen, zeigen ihren Schmerz nicht, aber bleiben liegen.

Wir alle sind verwundbar – und das ist keinesfalls schlimm. Es zeigt nur, dass wir Menschen sind und keine Maschinen.

Der tibetische Meditationsmeister Chögyam Trungpa sagte: »Wirkliche Furchtlosigkeit erwächst aus der Zartheit, aus der Bereitschaft, dein verwundbares, wunderbares Herz von der Welt berühren zu lassen. Du bist bereit, dich ohne Abwehr und ohne Scheu der Welt zu öffnen, und du bist bereit, dein Herz mit anderen zu teilen.«[9]

Diese Zartheit, von der Trungpa spricht, ist unsere wahre Stärke. Diese Zartheit ist die Zartheit des Kindes, das immer noch verborgen in uns lebt und das wir befreien können. Voller Neugier können wir uns der Welt öffnen, uns ihrem Fluss anvertrauen, können staunend sagen: »Jetzt sehe ich dich. Schau, hier bin ich!«

So, wie wir uns dem Leben offenbaren, offenbart es sich auch uns. Wenn wir uns öffnen, werden wir so vieles entdecken, was sich zu lieben lohnt. Wenn wir uns verschließen, entdecken wir nur eine tote Welt, die uns nicht antwortet.

9 Chögyam Trungpa: *Das Buch vom meditativen Leben*, S. 47

Und wenn uns in diesen Momenten auch manchmal die Angst packt: Welche Kraft könnte größer sein, als die der Liebe? Wie Trungpa sagt, sind wir bereit, unser Herz mit anderen zu teilen. Wir teilen unser Innerstes und treten dadurch in einen Dialog mit der Welt. Wir nehmen teil am Leben, erfahren wirkliche Begegnungen, kommunizieren mit anderen Menschen, mit der Landschaft, mit dem vorbeihuschenden Eisvogel, mit der Seele der Welt.

Dieser Austausch mit dem Tao, dieser Austausch mit all dem, was ist, macht auch unsere Seele voll und schenkt uns dadurch eine innere Stärke, die uns die beste Rüstung und die dicksten Mauern niemals bieten könnten.

Wenn wir unser Herz von den selbst gebauten Mauern befreien, können wir unsere wahre Kraft leben. Dann kann unser Herz atmen und in seinem ursprünglichen Glanz erstrahlen. Dann kann unser Herz so kräftig schlagen wie ein Drachenherz!

ÜBUNG 5:
DIE KRAFT UNSERES HERZENS BEFREIEN

Setze oder lege dich bequem auf den Boden, und schließe sanft deine Augen. Entspanne deinen Körper und deinen Geist, genieße die Stille, die dich umgibt und dich erfüllt.

Spüre die Erde unter dir, ihre ruhige Kraft, auf die du dich immer verlassen kannst. Spüre den Himmel über dir, in dessen Weite du hineinwachsen kannst.

Richte deine Achtsamkeit auf deinen Atem, nimm bewusst wahr, wie er kommt und geht. Jeder Atemzug entsteht neu aus dem gegenwärtigen Moment.
Entspanne deinen Körper, lass alles Schwere von dir abfallen. Mit jedem Atemzug fühlst du dich leichter und leichter.

Langsam betrittst du die Welt deiner Vorstellungskraft.
Ein dichter Wald bildet sich vor deinem inneren Auge. Um dich herum hohe Bäume, ein sattes Grün, und Sonnenstrahlen, die wie lange, gerade Finger durch das Blattwerk reichen. Die Luft ist würzig und frisch.
Achtsam machst du die ersten Schritte in diese Welt hinein, wanderst ziellos umher, schaust dir Farne und Moose an, entdeckst das eine oder andere kleine Tier.

Du bist ein Reisender mit leichtem Gepäck. Nichts beschwert deine Schritte, nichts behindert dich oder hält dich zurück. Deine Schritte sind langsam, achtsam und voller Vertrauen. Du genießt es, hier zu sein, in dieser Stille des grünen Waldes.

Schaue dich um, und lausche aufmerksam, während du auf deinem Weg weitergehst! Spüre die Sonne auf deiner Haut, den leichten Wind, der dein Gesicht berührt, die trockene, angenehme Wärme der Luft, die bis zu deinen Knochen vordringt.
Hier kannst du Ruhe und Kraft finden.
Hier ist dein Ort, jetzt ist deine Zeit!

In einiger Entfernung siehst du plötzlich einen großen Hirsch neben einem Baum stehen. Aufmerksam blickt er dich an, er scheint auf dich zu warten. Er dreht sich um und schreitet langsam durch den Wald. Voller Vertrauen folgst du ihm.

Er führt dich auf einem Weg, den du zuvor nicht wahrgenommen hast. Wie durch Zauberei öffnet sich das Unterholz vor dir und dem Hirsch, und ihr wandert still durch den Wald, bis ihr eine Lichtung erreicht. Eine Wiese, umstanden von Bäumen, auf der in einem weiten Kreis viele verschiedene Tiere um einen kleinen See sitzen und stehen.
Und dort am Ufer dieses kleinen Sees sitzt ein riesiger Drache, der dich aus sanften, fast goldenen Augen anschaut, als hätte er hier schon eine Ewigkeit auf dich gewartet.
Langsam näherst du dich, betrittst den Kreis der Tiere, der hinter dir von dem Hirsch geschlossen wird. Du gehst zu dem Drachen, der dir mit einer Bewegung seiner Klaue bedeutet, noch näher zu kommen.

Du setzt dich ihm gegenüber auf die Erde, machst es dir bequem, staunst über die Schönheit dieses Wesens. Seine große, würdevolle Gestalt schimmert metallisch im Sonnenlicht, seine Mähne und sein Bart bewegen sich leicht im Wind, seine Hörner ragen in den Himmel, seine riesigen Klauen stehen fest auf dem Boden.
Er schaut dich lange an, sieht dir tief in die Augen, ist ganz ruhig. Seine Zeit ist die Ewigkeit, die Ruhe, die in ihm wohnt, ist Zeichen seiner Stärke und seiner Weisheit.
Nimm diesen ruhigen Blick, in dem sich das Bewusstsein der eigenen Stärke spiegelt, in dir auf …

Schaue in diese Augen wie in einen Spiegel, der dir dein eigenes Herz zeigt. Du siehst es pochen, doch es ist halb verborgen unter zerbrochenen Steinen, unter metallenen Bändern, hinter dicken rostigen Platten und hölzernen Palisaden.

Wie aus weiter Ferne hörst du die Stimme des Drachen: »Alle diese Barrieren hast du selbst aufgebaut, um dich zu schützen, um in Sicherheit zu sein. Du wolltest dir eine Festung bauen, in der du nicht mehr verletzt werden kannst. Doch wenn du dir deine Festung jetzt anschaust, siehst du kein prachtvolles Gebäude, in dem dein Herz sich zu Hause fühlt, sondern nur einen Haufen Schutt, der dein Herz verbirgt und es langsam erstickt. All diese Barrieren brauchst du nicht. Du hast sie selbst errichtet, deshalb hast du auch die Kraft, sie wieder zu entfernen.«

Du näherst dich dem Schutt um dein Herz, nimmst einen Stein und hebst ihn auf. Du wirfst ihn fort – und im Flug löst er sich auf. Du nimmst das nächste Teil und entfernst

es. Auch dieses Teil löst sich beim Fortwerfen auf. Immer schneller geht es jetzt voran, denn mit jedem Teil, das du entfernst, spürst du, wie du immer kräftiger wirst.
Du wirfst Steine fort, die metallenen Bänder, die dein Herz einschnüren, die rostigen Platten, die sein Licht verdecken, die hölzernen Palisaden, die es einsperren. Langsam kommt dein Herz in seiner ganzen Schönheit zum Vorschein.

Und dann ist es frei. Pochend und strahlend liegt es vor dir. Offen der Welt ausgesetzt, verletzlicher und stärker als jemals zuvor.

Das Bild verlässt deinen Geist, und du sitzt wieder vor dem Drachen am Ufer des kleinen Sees. Wohlwollend nickt er dir zu und sagt: »Dieser See hat einen Zufluss und einen Abfluss. Er ist mit der Welt durch mehrere kleine Bäche verbunden. Wenn er sich verschließen wollen würde, wenn kein frisches Wasser mehr in ihn hineinfließen und nichts mehr aus ihm weichen könnte, dann würde er zu einem toten Tümpel werden, einer Schmutzwassergrube, die nach und nach völlig austrocknen würde. Genauso ist es mit deinem Herz, das die Welt braucht, um lebendig zu sein.«

Du atmest tief ein, spürst die Kraft, die in dir und deinem Herzen lebendig ist. Eine neue Weite ist in dir fühlbar, eine neue Nähe zur Welt.

Mit tiefer, doch sanfter Stimme spricht der Drache weiter: »Hab Vertrauen in deine Reise. Traue deiner eigenen Stärke, der Kraft deines offenen Herzens. Es sind genug Wissen und genug Weisheit in deinen Knochen, deinem Blut, deinem

Geist und deiner Seele. Tief in dir, in deinem innersten Kern, brennt eine ewige Flamme, deren Licht alle Schatten vertreibt. Nähre dieses Feuer, und du wirst mit einer Würde strahlen, die meiner in nichts nachsteht. Du kannst deinem Herzen vertrauen, denn es ist das Herz eines Drachen!«

Gebannt blickst du in seine Augen und genießt das einvernehmliche Schweigen zwischen euch. Es gibt nichts mehr zu sagen, nichts mehr zu fragen, nichts muss diesem vollkommenen Augenblick hinzugefügt werden. Du weißt, dass ihr einander kennt, dass eure Seelen miteinander verbunden sind.

Der Wind wird stärker, während dir der Drache weiter in die Augen blickt. Langsam löst er sich im Wind auf, wird zu feinem, goldenen Staub, der sich auf deinen ganzen Körper legt. Du leuchtest immer stärker unter diesem goldenen Staub, diesem goldenen Licht, das dich bedeckt – und das nun in dich einsinkt, dein offenes Herz berührt und dich mit der Kraft und Würde des Drachen erfüllt.
Irgendwo in dir hörst du ein fernes Donnergrollen, einen Ruf des Drachen, ein Echo deines Herzens …

Dann ist das goldene Licht verschwunden, aber du spürst, wie es in dir gegenwärtig ist und die Flamme, von der der Drache gesprochen hat, stärker macht.

Die Tiere, die immer noch einen Kreis um dich bilden, kommen nun langsam näher. Sie umringen dich, drängen sich vorsichtig an dich, berühren mit ihrem Fell, ihren Federn deine Haut und dein Haar. Sie spüren deine Offenheit, deine Weite, dein Mitgefühl, deine Nähe zur Welt.

Dann ziehen sie sich wieder zurück und verschwinden langsam im Wald. Nur der Hirsch, der dich hergeführt hat, bleibt mit dir auf der Lichtung zurück.

Er geht wieder zurück auf den Weg, der euch herbrachte und der sich auch jetzt wieder wie durch Zauberei vor euch entfaltet. Du folgst dem Hirsch, und er bringt dich zurück zu der Stelle, an der ihr euch vorhin begegnet seid.
Du verbeugst dich vor ihm und bedankst dich. Dann dreht er sich um und springt zurück in den Wald. Schon bald ist er deinen Blicken entschwunden.

Du stehst in der Landschaft deiner Seele, in diesem Wald, der sich nun in all seiner Schönheit um dich herum ausbreitet. Du atmest ein, atmest aus … Du fühlst dein Herz mit neuer Kraft pochen.

Angekommen im Augenblick, ruhig und voller Kraft, ein Drachenherz, sichtbar für die Welt, aufgehoben im Tao.

Öffne nun langsam deine Augen.
Möge dein Leben im Fluss sein, möge dein Leben dich mit tiefer Zufriedenheit beschenken.

DER DRACHE DES MITGEFÜHLS

Der bronzene Drache blieb noch ein paar Tage in Einauges Höhle, um sich mit dem Wanderer auszutauschen. Immer wieder gestattete der Drache es ihm, in seine Seele zu blicken und in das grüne Meer seines Inneren einzutauchen. Auch dem Wanderer fiel es leichter, dem Drachen Einblick in sein Herz zu gewähren und sich der eigenen Wunden und Verletzungen nicht zu schämen. Die Vorstellung, dass das innere Licht gerade durch diese Risse nach außen dringen konnte, faszinierte ihn ungemein.

»Betrachte deine Wunden als dein Geschenk an die Welt«, meinte der Drache an einem Morgen, nachdem sie beide im anderen gelesen hatten. »Diese Risse in dir, diese Zartheit und Verletzlichkeit, machen es möglich, dass die Welt dir nahekommen kann. Hier scheint das Licht heller, hier wird die Liebe tiefer und authentischer, hier wird dein Mitgefühl aus dir herausströmen.«

Der Wanderer fühlte sich nach diesen Tagen wie ein neuer Mensch. Es war, als würde alles, was er bislang verborgen hatte, ihm nun neue Kraft schenken. Als würde alles in ihm offen sein und die Welt umarmen wollen. Eine innere Rüstung war aufgebrochen und entfernt worden. Doch fühlte er sich jetzt zu seiner

großen Überraschung nicht schutzlos, sondern leicht, frei, beweglich und von einer großen Stärke erfüllt.
»Ich werde mich heute auf den Heimweg machen«, sagte der Drache. »Und auch du musst weiterwandern. Ein paar Kilometer in diese Richtung«, er zeigte aus der Höhle hinaus auf einen schroffen Felsgrat, »findest du einen guten Freund von mir, der eine Aufgabe für dich hat.«
»Eine Aufgabe?«
»Du wirst schon sehen. Lass uns nun voneinander Abschied nehmen. Andere Dinge warten auf dich und auf mich.«
Der Drache berührte den Wanderer mit seinen Barteln an der Stirn und an der Brust, und der Wanderer legte seine flache Hand auf die Schnauze des Drachen. Auch Einauge kam hinzu, brummte etwas mit seiner rostigen Stimme, während der Wanderer meinte, im verbliebenen Auge des alten Kämpen eine Träne zu entdecken. Der Wanderer berührte auch Einauges Schnauze, während der bronzene Drache eine eigentümliche Melodie sang, auf die Einauge antwortete. Dann drehte der bronzene Drache sich um, schien wieder aus der Höhle zu fließen, erhob sich in die Lüfte und war verschwunden. Einauge legte sich an den Rand der Höhle, betrachtete einen kleinen Hirsch, der vorüberrannte, und seufzte zufrieden. Der Wanderer warf einen letzten Blick auf das riesige vernarbte Wesen, dessen Schönheit für ihn nun so offensichtlich war, und machte sich ebenfalls auf den Weg.
»Wenn du humpeln musst«, rief ihm der alte Drache nach, »dann humpele mit Stolz!« Der Wanderer lächelte still, verbeugte sich in Richtung des Drachen und ging dann weiter.

Er brauchte den ganzen Tag, um den Felsgrat zu erreichen, auf den der bronzene Drache am Morgen gedeutet hatte. Das Licht schwand schnell, und der Wanderer beschloss, auf einer kleinen Lichtung sein Lager aufzuschlagen. Er machte ein kleines Feuer, aß den Rest der Beeren und Nüsse, die er tagsüber gesammelt hatte, hüllte sich in seine zerschlissene Decke und schlief glücklich ein. Träume von einäugigen Kranichen und einem grünen See besuchten ihn.

Am nächsten Morgen erwachte er von etwas Nassem in seinem Gesicht. Irgendetwas leckte über seine Nase und sabberte auf seine Wange. Er sprang auf, und der schwarze Hund vor ihm erschreckte sich und versteckte sich hinter einem großen Stein, der auf der Lichtung lag. Vorsichtig schaute er den Wanderer an, der sich das Gesicht mit dem Ärmel seines Hemdes trocken rieb. Zwischen den Bäumen tauchte nun ein grünbrauner Drache auf, dessen Mähne und Bart blau im Morgenlicht leuchteten.
»Oh, ich sehe, ihr habt euch schon kennengelernt«, sagte er mit einer dunklen aber freundlichen Stimme. »Diese Hündin habe ich Chen Lu genannt, denn sie scheint immer sehr früh wach zu sein.[10] Aber das hast du ja sicher bereits gemerkt.«
»Ja, allerdings«, sagte der Wanderer, kniete sich auf den Boden und versuchte, die Hündin hinter dem Stein hervorzulocken. Geduckt und mit eingeklemmtem Schwanz kam die Hündin näher. Sie schien noch sehr jung zu sein, war völlig abgemagert und hatte am ganzen Körper offene, entzündete Wunden. Ihr Fell war stumpf, und sie stank erbärmlich.
»Um Himmels willen«, sagte der Wanderer, als die Hündin so nah war, dass er sie hinter den Ohren kraulen konnte. »Was ist mit dem Hund passiert?«

10 *Chen* heißt auf Mandarin »der Morgen«, *lù* bedeutet »Tropfen« oder »Tau«.

»Ich habe sie vor drei Tagen aus dem See in der Nähe des Dorfes gefischt. Sie steckte in einem verknoteten Sack und wäre fast ertrunken. Ich habe sie hierher mitgenommen, und als ich hörte, dass du dich auf den Weg zu mir machen würdest, dachte ich, dass du mir mit ihr helfen könntest. Wie du siehst, ist sie in der Vergangenheit nicht sehr gut behandelt worden und braucht Hilfe.«
»Was kann ich tun? Ich … ich kenne mich mit Hunden gar nicht aus …«
»Ich werde dir Kräuter zeigen, aus denen du eine Salbe für ihre Wunden machen kannst. Außerdem braucht sie jemanden, der sie von Flöhen und Zecken befreit. Alles Weitere werden wir dann sehen.«
Der Wanderer ließ sich vom Drachen die benötigten Kräuter beschreiben, sammelte sie im umliegenden Wald, während die Hündin hinter ihm herschlich, immer auf der Hut und immer bereit, sofort zu fliehen. Zurück auf der Lichtung entfachte er ein Feuer und kochte in einem ausgehöhlten Stein, den der Drache ihm gebracht hatte, eine Salbe. Nachdem sie abgekühlt war, strich er diese vorsichtig auf die Wunden der Hündin, die immer wieder aufjaulte, aber doch sitzen blieb, als ahnte sie, dass ihr jemand helfen wolle.
Der Wanderer musste sich überwinden, die Wunden mit den Händen zu berühren. Der Gestank des Tieres war nahezu unerträglich, und es schien fast, als verfaule der Hund bei lebendigem Leib. Es dauerte über eine Stunde, bis alle Wunden versorgt und mit einer dicken Schicht des Kräuterbreis versehen waren. Da man den Hund nicht in einem Fluss waschen konnte – einerseits wegen der aufgetragenen Salbe, andererseits wegen seiner Erfahrungen mit Wasser –, musste der Wanderer Flöhe und Zecken einzeln aus dem Fell des Tieres suchen und zwischen seinen Fingern zerdrücken oder ins Feuer werfen. Er ekelte sich, und nach

kurzer Zeit juckte es ihn überall, während der Hund die Fellpflege offensichtlich genoss und selig eingeschlummert war.
Fünf ganze Tage saß der Wanderer bei der Hündin, die die Lichtung nur verließ, um Mäuse oder andere Kleintiere zu erbeuten, und klaubte allerlei aus ihrem Fell. Zwischendurch kochte er neue Salbe, versorgte die Wunden und ging selbst immer wieder in einem nahen Fluss baden, schrubbte sich mit Wurzeln ab und wusch immer wieder seine Kleidung, die er nachher zum Trocknen über das Feuer hängte.

Der Drache wachte über beide, beobachtete den Wanderer und hauchte immer wieder seinen warmen Atem über die Hündin. Ab und an richtete er das Wort an den Wanderer: »Du siehst, Mitgefühl ist keine Theorie, sondern reine Praxis. Das Tao fließt und spült eine Aufgabe an dein Ufer, die du entweder annimmst oder der du dich verweigerst. Leid begegnet dir in vielerlei Formen. Du kannst dich abwenden oder dich ihm zuwenden.«
»Ich muss gestehen, dass ich auch den Impuls hatte, mich abzuwenden. Ich habe mich wirklich geekelt, doch ich wusste auch, dass du Chen Lu nicht wirklich helfen kannst. Mit deinen Krallen, die größer sind als der ganze Hund, kannst du sie nicht von Flöhen und Zecken befreien. Auch die Salbe aufzutragen, wäre für dich nahezu unmöglich. Also blieb nur ich …«
»Oft hoffen Menschen darauf, dass sich jemand anderer kümmern wird. Oder dass sich das Problem von selbst lösen wird. Doch manchmal sind wir die Einzigen, die etwas tun können. Genau in diesem Moment benötigt jemand Hilfe – direkt vor unseren Augen. Hier sind dann keine mitfühlenden Gedanken gefordert, sondern nur unsere Taten. Dein Herz war offen, als du hier ankamst, und deshalb war dein Handeln spontan, natürlich und selbstlos.«

»Einauge und der bronzene Drache haben mir viel über Wunden beigebracht«, meinte der Wanderer leise. Die Welt ist mir in den letzten Tagen nähergekommen, und dann stand sie mir plötzlich in Gestalt dieser Hündin gegenüber.«

»Aber du hast gespürt, dass deine Offenheit und dein grundsätzliches Gefühl, die Welt sei dir nahe, etwas anderes sind als das konkrete Tun.«

»Ja, das habe ich sehr schnell gemerkt. Ein mitfühlender Gedanke ist etwas anderes als das Zerdrücken von Zecken und die Versorgung von schwärenden Wunden.«

»So, wie du die Meditation erlernst, indem du meditierst, kannst du Mitgefühl auch nur durch dein mitfühlendes Tun lernen«, sagte der Drache. »Ich könnte viel über Mitgefühl reden, daraus ein philosophisches Konzept machen, aber das würde Chen Lu wenig helfen. Es wären nur leere Floskeln, von denen ihre Wunden ganz bestimmt nicht heilen würden!«

Der Wanderer nickte und streichelte die Hündin, die zusammengerollt vor ihm lag. Sie schnarchte, zuckte im Traum mit ihren Pfoten, jagte im Geist Mäuse und war ein glücklicher Hund.

Am sechsten Tag schien es der Hündin deutlich besser zu gehen. Die Wunden nässten nicht mehr, sie lief nun häufiger in den Wald und fraß wohl auch mehr. Der Geruch der Kräutersalbe schien auch weitere Zecken und Flöhe fernzuhalten, sodass das Tier nun endlich zur Ruhe und zu Kräften kommen konnte. Sie wurde immer bewegungsfreudiger und wollte immer häufiger mit dem Wanderer spielen.

»Bald solltet ihr euch auf den Weg machen«, sagte der Drache.

»Ihr?«, echote der Wanderer.

»Ja, ich denke, Chen Lu sollte dich auf dem Rest deiner Reise begleiten. Sie mag dich offenbar, und ich bin sicher, dass sie dir ebenso viel beibringen kann wie wir Drachen. Du musst nur richtig hinsehen und weiterhin offen für die Welt bleiben.«

Der Wanderer war überrascht, aber gleichzeitig spürte er die Freude, die in ihm aufkam, als er Chen Lu ansah, die hechelnd und schwanzwedelnd vor ihm stand. Seit so langer Zeit war er allein unterwegs – eine vierbeinige Weggefährtin wäre bestimmt eine angenehme Gesellschaft.

»Ihre Freundschaft ist ihr ganz besonderer Dank an dich. Und sie wird dich immer daran erinnern, dass Mitgefühl, das untätig bleibt, reine Gefühlsduselei ist«, sagte der Drache. »Derjenige, der sieht, versteht und dann tut, was nötig ist, fließt wahrlich mit dem Tao.«

Laotse sagt im 67. Vers seines Tao Te King: »Ich habe bloß drei Dinge zu lehren: Einfachheit, Nachsicht und Mitgefühl.« Die Einfachheit lernen wir durch die Meditation – wir sehen die Dinge, wie sie sind, ohne ihnen etwas gedanklich hinzuzufügen, ohne aus ihnen eine Geschichte zu stricken, ohne sie zusätzlich zu verkomplizieren. Wir sind wach und begegnen der Welt mit offenem Herzen. Nachsicht und Mitgefühl entstehen wie von selbst aus dieser Sicht auf die Welt, sie sind die Frucht unserer Meditationspraxis.

Achtsam lernen wir uns selbst besser kennen, verschließen nicht mehr die Augen vor dem, der wir wirklich sind, oder vor unseren Handlungen und ihren Konsequenzen. Wir sehen, was ist – auch das, was in uns ist. Und mit diesem liebevollen Blick auf uns selbst erkennen wir auch unsere Unzulänglichkeiten, ohne uns zu verurteilen. Begegnen wir dann anderen Menschen, können wir auch ihnen und ihren vermeintlichen Fehlern gegenüber duldsamer sein. Wir werden sanfter und nachsichtiger, sowohl uns selbst als auch anderen gegenüber.

Wenn wir achtsam schauen, entdecken wir darüber hinaus, dass uns jeder Moment einlädt, in ihm das ganz Besondere und Einzigartige zu erkennen – das, wofür wir dankbar sein können. Wir entdecken dann etwas, das uns berührt und uns unsere Verbundenheit mit der Welt und dem Leben spüren lässt. Dann sehen wir nicht nur länger fremde Gesichter in den Straßen, sondern lauter Geschichten, die unseren eigenen Erlebnissen sehr ähneln. Auf dieser Ebene sehen wir überall Verwandte, die sich mit den gleichen Schwierigkeiten herumschlagen wie wir selbst. Die gleichen Ängste, die gleichen Unsicherheiten, die gleiche Reizbarkeit an manchen Tagen, die gleiche Bequemlichkeit, die gleichen Sehnsüchte, die gleichen Fehler, der gleiche Schmerz.

Wir verstehen die Menschen, weil sie uns so nah sind – und so wächst ganz von selbst unser Mitgefühl, mit dem wir allen Wesen gleichermaßen begegnen. Wir sehen, wie es der Buddha tat: Alle Wesen wollen glücklich sein und nicht leiden!

Wir spüren instinktiv, dass es an der Wahrheit dieser Aussage nichts zu rütteln gibt. Wir sind nicht länger getrennt von dem Glück oder dem Leid anderer Wesen, sondern verstehen beides von innen heraus, aus unserer eigenen Erfahrung, aus unserer Verbindung mit der Welt. Wir reichen der Welt die Hand und reihen uns in den großen Kreis des Lebens ein.

»Betrachte die Welt als dein Selbst, habe Vertrauen zum Sosein der Dinge, liebe die Welt als dein Selbst; dann kannst du dich um alle Dinge kümmern.« (Vers 13)

Mit dem »um alle Dinge kümmern« ist jedoch nicht gemeint, sich selbst aufzureiben bei dem Versuch, die ganze Welt retten zu wollen. Wenn wir ehrlich sind, müssen wir wohl zugeben, dass uns dies sehr schwerfallen dürfte. Mitgefühl ist im frühen Taoismus kein Ideal, keine moralische Forderung, sondern ganz konkretes Tun, das aus dem Augenblick erwächst. Hier ist Mitgefühl ganz konkret gedacht und richtet sich auf die Menschen und anderen Lebewesen, mit denen wir direkten Kontakt haben. Es ist keine Haltung, sondern wird in diesem Moment für diejenigen tätig, die uns begegnen. Dieses spontane Tun passt sehr gut zu der auf das Diesseits gerichteten Spiritualität, die der frühe Taoismus des Laotse und des Tschuang-tse darstellt.

Aus diesem Grund findet sich in diesem Kapitel auch keine Übung, denn eine Meditation über Mitgefühl ist noch lange kein *wirkliches* Mitgefühl, kein wirkliches Tun im ganz praktischen taoistischen Sinn. Eine wirkliche Übung kann nur in unserem Alltag stattfinden, wenn wir ihn mit offenen Augen und offenem Herzen erleben. Unsere Achtsamkeitspraxis dient diesem Öffnen unserer selbst. Alles andere ergibt sich von allein.

DER DRACHE DER MACHT

Pechschwarz und glänzend wie eine chinesische Lackschatulle war der nächste Drache, den der Wanderer traf. Er war mit Chen Lu ein paar Tage gewandert, die ihm die ganze Zeit nicht von der Seite wich und immer erwartungsvoll zu ihm aufsah, bis er endlich wieder den Stock warf, den sie ihm begeistert zurückbrachte. Sie waren in tiefer liegende Regionen der heiligen Berge gekommen, waren durch Bambuswälder geschlendert und hatten sogar einen der seltenen Großen Pandabären zu Gesicht bekommen, der sich die frischen Schösslinge der Pflanzen schmecken ließ. Dann verschwand der Panda, und wie durch Zauberei war plötzlich der schwarze Drache aufgetaucht. Langsam und vor Kraft strotzend kam er auf den Wanderer und Chen Lu zu. Eindringlich sah er die beiden an und sog mehrmals kurz und scharf die Luft ein, so, als ob er an ihnen schnuppern würde.

»Hast du Angst vor mir?«, fragte er mit harter Stimme.

Der Wanderer wusste nicht, was er sagen sollte. Er hatte nicht wirklich Angst, dafür war er schon zu vielen Drachen begegnet, aber er spürte etwas anderes … etwas, das er bei den anderen Drachen in dieser Form nicht empfunden hatte. Unsicherheit, Verwirrung … Er stand da und suchte nach den richtigen Worten,

während Chen Lu recht unbeeindruckt die entstehende Pause nutzte, um die nähere Umgebung zu erkunden.
Der Drache beobachtete sie und wandte sich dann wieder dem Wanderer zu. »Dein Hund ist ganz er selbst. Auch wenn er höchstwahrscheinlich weitaus schwächer als ich ist, begegnet er mir dennoch auf Augenhöhe. Als ein Wesen, das das Recht hat, hier zu sein. Sie weiß, wer sie ist – und sie kann niemand anderer sein! Wie sieht es mit dir aus?«
»Ich bin ein Wanderer. Ich … wandere …«
Er wusste selbst, wie erbärmlich das klang.
»Was du sagst, stimmt. Aber wie du es sagst, klingt es wie eine schlechte Lüge. Du solltest aufrecht stehen. Du bist ein Wanderer. Ein Mensch, der sich auf den Weg gemacht hat. Du weißt das, und du kannst es sagen. Es ist keine Rolle, keine Maske, sondern das, was dich in diesem Abschnitt deines Lebens ausmacht. Du bist der Wanderer – und alle Drachen haben schon von dir gehört. Meinst du, ich zeige mich jedem?«
»Wahrscheinlich nicht …«
»Ganz bestimmt nicht! Ich bin der Drache der Macht. Ich bin, was ich bin. Meine Entscheidungen sind so klar wie mein Blick. Ich bin. Da gibt es nichts, was dir etwas vormachen muss, nichts, was auf eine bestimmte Weise wahrgenommen werden möchte. Verstehst du? Ich bin. Und das solltest du von dir auch sagen können.«
»Ich lerne …«, sagte der Wanderer, immer noch verunsichert durch die barsche Art des Drachen.
»Du lernst. Genau. Dann sage: Ich bin der Wanderer, der lernt.«
»Ich bin der Wanderer, der lernt.«
»Schon besser. Und jetzt richte dich dabei auf. Sieh mir in die Augen, und lass mich in deine sehen. Zeig mir deine Wahrheit.«
Der Wanderer streckte seinen Rücken und straffte seine Schultern. Der Drache ärgerte ihn langsam. Er kam sich vor wie ein

kleines Kind in der Schule, das von seinem Lehrer vorgeführt wurde.
»Ich bin der Wanderer, der lernt. Manchmal bin ich unsicher, weil es so viele Dinge zu geben scheint, von denen ich noch nicht einmal etwas ahne«, sagte er mit fester Stimme. »Ich bin unterwegs, weil ich etwas suche, von dem ich nicht einmal weiß, was es wirklich ist. Und dennoch weiß ich genau, dass es im Moment das ist, was ich tun muss: Unterwegs sein! Ich lerne von Drachen, und ich lerne von diesem Hund. Ich kann die Lektionen nicht benennen, aber ich weiß, dass in mir eine Veränderung vorgeht. Irgendetwas bricht in mir auf, irgendetwas heilt. Es gibt Momente großer Stille, in denen ich so glücklich bin wie nie zuvor. Und es gibt Momente ebenso großer Zweifel, wenn ich nachts wach liege und mich frage, was ich eigentlich in diesem fremden Land tue und ob meine ganze Suche nicht nur Zeitverschwendung ist. Ja, ich bin unsicher, und ich habe Angst. Vor euch Drachen und manchmal vor dem Leben und seinen Herausforderungen.«
Der Wanderer hatte sich in Rage geredet. Seine Augen brannten, doch er wollte vor dem Drachen nicht in Tränen ausbrechen.
»Ich weiß nicht, ob ich genug Kraft habe. Aber ich gebe mein Bestes. Ich tue das, was ein Wanderer tut. Schritt für Schritt. Immer weiter.«
»Schenk mir eine von deinen Tränen«, sagte der Drache mit viel sanfterer Stimme.
Der Wanderer blickte ihm weiterhin in die Augen, und eine Träne rollte seine Wange hinab, die er nicht wegzuwischen versuchte.
»Jetzt bist du hier«, meinte der schwarze Drache und rollte sich vor dem Wanderer zusammen. »Du bist. Echt und unverstellt. Nichts, was du verbergen müsstest. Wie dein Hund musst du dich nicht dafür entschuldigen, zu sein, was du bist. So, wie auch ich mich nicht dafür entschuldige, ein Drache zu sein. Das Tao hat

mich zu dem gemacht, der ich bin. Meine Erfahrungen haben mich zu dem gemacht, der ich bin. Hier bin ich nun. Ganz ich. Kein falscher Stolz und keine falsche Scham. Ich bin Teil dieser Welt, so wichtig wie jeder andere Teil. Ich bin. Du bist. Alles ist. Verstehst du, was meine Macht beinhaltet?«

Der Wanderer setzte sich mit gekreuzten Beinen auf den Boden und atmete tief durch. Langsam beruhigte er sich, doch sein Herz schlug immer noch schnell.

»Du bist ein Drache, und ich bin ein Mensch, ein Wanderer. Chen Lu ist ein Hund. Wir alle folgen unserer Natur – und nichts daran ist falsch.«

»Nichts daran ist falsch. Ganz genau.« Der Drache brummte zufrieden. »Ich bin der Drache der Macht, weil ich weiß, wer ich bin. Weil niemand mir sagt, wer ich sein soll. Macht hat nichts damit zu tun, über andere zu herrschen. Wahre Macht bedeutet, sich selbst und seinen Wert zu kennen. Dann kannst du deinen Weg mit allen Unebenheiten, allen Kurven und Sackgassen, allen scheinbar unnützen Abzweigungen und allen beschwerlichen Auf- und Abstiegen wahrhaft als du selbst gehen. Wenn du am Abend dein Gesicht in einem ruhigen See betrachtest, dann siehst du nur dich – und nicht das, was andere aus dir machen wollen.«

»Mein echtes Gesicht.«

»Ja, und nur das. Macht bedeutet, die Maske ablegen zu können und zu wissen, dass alle gesellschaftlichen Rollen eben nur das sind: Rollen, die nichts weiter bedeuten. Es geht um den Menschen hinter diesen Rollen. Es geht um das nackte Gesicht, um den Menschen, der sagt: Ich bin. Und der dem nichts hinzufügen muss.«

Der Wanderer schaute dem Drachen in die Augen und stellte plötzlich fest, dass er sich in ihnen spiegelte. Die Pupillen des

Drachen waren wie schwarze, ruhige Seen, in denen der Wanderer sich selbst sehen konnte. Er sah einen Mann, dessen Kleidung schon bessere Tage erlebt hatte, der ein Bad vertragen könnte und der ein wenig erschöpft wirkte. Und er sah einen Mann, der furchtlos mit einem Drachen zusammensaß, der bereit war, weiterzuwandern und zu lernen; einen Mann, den ein inneres Feuer erfüllte, das dem der Drachen in nichts nachstand. Er sah … einen Mann ohne jede Maske. Er versank immer tiefer in der Schwärze der Drachenaugen und erblickte sich selbst auf einem Hügel stehend. Er war nackt, gebrochen und doch von einer Stärke erfüllt, die nach außen strahlte. Er sah das Leben um sich herum in all seinen Facetten, all seinen komplizierten Aspekten, all seiner Einfachheit. Er sah die Tiere und die Pflanzen, die einfach waren, was ihre Natur ihnen sagte. Er sah sich selbst atmen wie sie, laufen wie sie, essen und trinken wie sie, lieben wie sie, Furcht haben wie sie, spielen wie sie. Er sah sich als Fluss, der in unzähligen Windungen zum Meer floss und sich in ihm auflöste. Dann sah er wieder den Drachen vor sich und schüttelte benommen den Kopf.

»Überall, wo du bist, ist dein Zuhause. Überall ist dein Platz«, sagte der Drache. »Du gehörst hierher wie diese Blume dort, wie der Ginkgo oder der Seidenreiher. Menschen glauben oft, sie stünden außerhalb der natürlichen Welt, aber ihr seid genauso aus Erde, Wasser, Sonnenschein und Wind gemacht wie alles andere. Ihr seid genauso Tao wie alles andere, was uns umgibt. Alles sagt: Ich bin. Versuche ab und an, diese zwei Worte in deine Meditation einzubauen, wenn dir das Wissen um deine Zugehörigkeit und deine Macht, du selbst zu sein, für einen Moment entfallen sollte. Bleib ein paar Tage in diesem Bambushain, und ich werde dir zeigen, wie das geht.«

Wer sind wir wirklich? Und wann können wir ganz wir selbst sein?

Jeder kennt vermutlich diese Momente auf irgendwelchen Partys oder anderen öffentlichen Veranstaltungen: Man lernt jemanden kennen, kommt ins Gespräch und stellt sich gegenseitig vor. Entweder es kommt recht schnell zu der Frage »Und was machst du so?«, oder wir erzählen es einfach, ohne gefragt zu werden. »Ich bin Bauunternehmer, ich bin Sekretärin, ich bin Psychologin, ich studiere Jura.« Kaum jemand sagt in solchen Momenten so etwas wie »Ich liebe es, meine Frau zu küssen, ich mag den Wind an der Nordseeküste und den Geschmack von Nektarinen«. Wir definieren uns nicht über das, was wir lieben, sondern über unsere gesellschaftlichen Rollen, über das, was wir darstellen, oder das, was wir meinen, darstellen zu müssen. Dabei wollen die meisten von uns möglichst gut dastehen. Wir übertreiben ganz leicht, setzen uns ins rechte Licht und lassen Unangenehmes eher beiseite. (Oder kennst du jemanden, der in solchen Situationen freimütig erzählt: »Ich handele mit Aktienfonds der Waffenindustrie, ohne mir darüber irgendwelche Gedanken zu machen«?!)

Diese Definitionen anhand unserer gesellschaftlichen Stellung sind immer eine Flucht hinter die schützenden Mauern unseres Selbstbildes. Wir tragen eine Maske spazieren, die wir über die Jahre hinweg so kunstvoll verziert haben, dass wir uns selbst ihren Anblick im Spiegel abkaufen. Spätestens in diesem Moment, wenn wir unsere Außendarstellung selbst glauben, wenn wir wirklich davon überzeugt sind, ein Büroangestellter, eine Anwältin, ein Börsenmakler, eine Konditoreifachverkäuferin zu SEIN, verwehren wir uns selbst etwas sehr Wichtiges im Leben: Selbsterkenntnis. Laotse war nicht nur ein weiser Gelehrter und tief spiritueller Mensch, sondern auch ein guter Psychologe. Im 24. Vers seines

Werkes schreibt er: »Wer sich selbst definiert, kann nicht erfahren, wer er wirklich ist.«

Alle diese Zusätze, die wir einem schlichten »Ich bin« hinzufügen, sind im Grunde null und nichtig, denn die Wirklichkeit ist: Wir sind nackt. Wir sind. Und nicht mehr.

Wer diese Nacktheit akzeptieren kann, wer sie mit Würde trägt und sich selbst voller Stolz als einfachen Menschen auf seinem ganz eigenen Weg erkennen kann, ist der wahre Weise. Er gibt der Gesellschaft mit ihren vorgefertigten Rollen keine Macht über sich, sondern ermächtigt sich selbst, der zu sein, der er sein möchte. Die schlichte Tatsache seiner Existenz reicht ihm als Zeichen seiner Würde. Eine weitere Rechtfertigung benötigt er nicht. Wie Laotse schreibt: »Weil er an sich selbst glaubt, versucht er nicht, andere zu überzeugen. Weil er mit sich selbst zufrieden ist, braucht er nicht den Beifall anderer. Weil er sich selbst akzeptiert, akzeptiert ihn die ganze Welt.« (Vers 30)

Einfach nur zu sein, *einfach* zu sein, kann eine große Befreiung bedeuten. Wir werden unabhängig, wir werden wir selbst. Furchtlos, nackt, ein bloßer Mensch, ganz mit unserer natürlichen Macht und Würde ausgestattet, stehen wir in der Mitte unseres Seins und lächeln die Welt offen an.

Die folgende Meditation hilft uns einerseits dabei, genau diese Haltung zu entwickeln, andererseits wird uns durch das »Ich bin« auch bewusst, welches Wunder es ist, überhaupt zu sein. Wir *sind* tatsächlich, wir existieren, leben, atmen, lieben. Welch ein Wunder, welch ein Geschenk!

ÜBUNG 6: MEDITATION DES »ICH BIN«

Setze dich bequem, aber möglichst aufrecht auf einen Stuhl oder auf ein Meditationskissen. Schließe sanft deine Augen, und atme drei Mal tief ein und aus. Beobachte nun deinen Atem, lass deine ganze Aufmerksamkeit auf dem Atem ruhen. Ganz von allen geschieht der Atem, er kommt und geht, ohne dass du ihn kontrollieren oder forcieren müsstest.

Entspanne nun nacheinander jeden Bereich deines Körpers: deine Füße, deine Beine, dein Becken, deinen unteren Rücken, deinen oberen Rücken, deine Schultern. Entspanne deinen Bauch, lass ihn ganz weich werden. Entspanne auch deine Brust, deine Arme und Hände, deine Kehle, dein Gesicht, deine Stirn.

Verbinde nun deinen Geist mit zwei Worten, die du im Rhythmus deines Atems sagst bzw. denkst. Wenn du einatmest, sagst du innerlich »Ich«. Wenn du ausatmest, sagst du innerlich »bin«. Einatmend »Ich«, ausatmend »bin«. Lass die Worte auf dem Atem schweben. Konzentriere dich nicht zu sehr. Lass dich für eine Weile in die Worte hineinsinken.

Irgendwann werden die Worte vielleicht leiser oder verschwinden ganz. Vielleicht tauchen dann andere Gedanken auf. Komm dann ganz leicht zu den beiden Worten »Ich bin« zurück. Werde dir bewusst, dass diese beiden Worte ausreichen, um deine jetzige Erfahrung zu beschreiben. »Ich bin – mein Dasein hält alle Möglichkeiten bereit, ist mit dem offenen Raum verbunden. Ich bin – offener Raum. Ich bin.«

Entscheide selbst, wie lange du diese Übung machen möchtest. Es gibt hierbei keinen anderen Maßstab als deine eigene Erfahrung.

DER DRACHE DES WOHLBEFINDENS

Der Wanderer hatte eine ganze Woche beim Drachen der Macht verbracht, mit ihm meditiert und die Worte »Ich bin« tief in sein Herz eindringen lassen. Dann hatte er gespürt, dass es Zeit war, weiterzuziehen. Der Herbst färbte die Blätter der Bäume, und die Welt schien aus Gold- und Rottönen zu bestehen. Er hatte sich verbeugt, dem Drachen ein letztes Mal in seine unergründlichen Augen gesehen und war gemeinsam mit Chen Lu aufgebrochen. Die Hündin freute sich, wieder unterwegs zu sein, sprang ungestüm voran, umkreiste den Wanderer immer wieder und bellte ab und an aufgeregt. Ihre Wunden verheilten gut, und das Fell wuchs schneller nach, als der Wanderer erwartet hatte. Fast sah sie schon wieder aus wie ein gesunder Hund. Die Kräuter, die der Wanderer in den letzten Wochen immer wieder zu einer Salbe verarbeitet und auf die Wunden aufgetragen hatte, schienen äußerst wirksam zu sein. Zwei Tage lang gingen die beiden tiefer in die Wälder hinein, Chen Lu erbeutete einige Kleintiere und schlug sich den Bauch voll, der Wanderer lebte weiter bei karger Kost vom Wegesrand. Dann kamen sie an eine Höhle, vor der ein Feuer brannte. Über dem Feuer hing an einem Dreibein ein Topf, dessen

Inhalt einen köstlichen Duft verbreitete. Dem Wanderer lief das Wasser im Mund zusammen, und auch Chen Lu schnupperte begeistert. Der Wanderer schaute sich um, doch er entdeckte niemanden, dem dieser Topf gehören konnte.

Da tauchte im Eingang der Höhle ein erdbrauner Drache mit weißem Bart und weißer Mähne auf. »Ah, hm … da bist du schon, hm …«, sagte er freundlich. »Und die Hündin ist auch dabei. Wie schön, hm.«

Der Wanderer war mehr als überrascht. »Ist das … ich meine … kochst du hier?«

»Ach, nein. Nein, nein, hm. Ich habe den alten Baihu gebeten, etwas für dich vorzubereiten. Er ist gerade im Wald, wird aber bald zurück sein, hm.«

Als hätte er auf sein Stichwort gewartet, trat ein alter, aber kräftig aussehender Mann aus dem Wald, der, sobald er den Wanderer und die Hündin sah, anfing, zu grinsen und sich immer wieder zu verbeugen. Der Wanderer verbeugte sich ebenfalls und nahm dem Mann das große Kräuterbündel ab, das dieser trug. Er begrüßte ihn freundlich, doch der Alte verbeugte sich nur immer wieder und schien sich unbändig zu freuen. Fragend sah der Wanderer den Drachen an.

»Oh, Baihu ist stumm, hm. Aber in den letzten Jahren haben wir so viel Zeit miteinander verbracht, dass wir uns gut ohne Worte verstehen. Ich habe Baihu alle Geheimnisse der Kräuter dieses Waldes gelehrt, und er nutzt sie, um den Menschen in den Dörfern zu helfen, hm.«

Baihu nickte und nahm dem Wanderer wieder die Kräuter ab, um eine große Handvoll davon mit einem gefährlich aussehenden Messer zu zerkleinern und in den Topf zu geben. Der Duft veränderte sich, wurde noch intensiver, und der Magen des Wanderers knurrte hörbar. Baihu füllte eine große Portion der heißen Suppe in eine Schale und reichte diese dem Wanderer zusammen mit einem Holzlöffel. Er führte seine Hand mehrmals zum Mund und bedeutete dem Wanderer, zu essen.

»Baihu hat diese Suppe extra für dich gekocht, hm«, sagte der Drache. »Sie wird dir Kraft für deine Reise schenken. Du tust viel für deinen Geist, aber du vernachlässigst deinen Körper, hm. Das müssen wir ändern, hm.«

Der Wanderer aß – und es schmeckte fantastisch. Wie lange war es schon her, seit er die letzte richtige Mahlzeit zu sich genommen hatte? Kaum war er fertig, füllte Baihu ein weiteres Mal die Schüssel und hielt sie ihm auffordernd hin. Und auch diese Schüssel aß der Wanderer restlos leer.

»Schön, dass es dir schmeckt, hm«, meinte der Drache. »Das viele Wandern, die frische Luft und die guten Beeren und Pilze haben dich durchhalten lassen, aber dennoch kannst du so nicht weitermachen. Um gesund zu bleiben, braucht es das richtige Maß. Nicht zu viel und nicht zu wenig. Ganz so wie das Tao, hm. Immerhin gönnst du dir nun längere Pausen, hm. Das ist gut. Aber Baihu und ich werden deinen Körper wieder in ein Gleichgewicht bringen, das seiner Natur entspricht. Du wirst dich wohlfühlen, du wirst schon sehen, hm.«

In den nächsten Tagen ruhte sich der Wanderer in der Höhle des Drachen aus. Er aß morgens seine üblichen Beeren und machte kurze Spaziergänge mit Baihu. Dieser zeigte ihm einige Kräuter und erläuterte pantomimisch, auf welche Weise man sie verwendete und wofür sie gut waren. Mittags aß er etwas, das Baihu gekocht hatte und das jedes Mal noch besser zu schmecken schien als die vorherige Mahlzeit. Ansonsten konzentrierte er sich auf die Körperübungen, die Baihu ihm nachmittags zeigte. Er stand hauptsächlich still und atmete bewusst, richtete seine

Aufmerksamkeit auf die verschiedenen Regionen seines Körpers und sandte verspannten Stellen ein »inneres Lächeln«, wie der Drache es nannte. Dann wieder verband er mit einer speziellen Atemübung Himmel und Erde in sich – eine Übung, bei der ihm anfangs immer schwindelig wurde und er sich setzen musste.
»Diese Übungen dienen dazu, deine Lebenskraft zu stärken und dich gesund zu erhalten«, sagte der Drache. »Manchmal ist unser Körper noch nicht bereit für eine größere Menge Energie, die uns bei diesen Übungen durchströmt. Das ist ganz normal, mach dir keine Sorgen. Du wirst dich daran gewöhnen, hm.«

Der Wanderer übte weiter mit Baihu, und nach einiger Zeit merkte er, wie die Atemübungen ihm halfen, seinen Geist klarer zu halten und auch seine morgendlichen und abendlichen Meditationen zu vertiefen.
»Alles hängt zusammen«, meinte der Drache. »Körper und Geist sind nicht voneinander getrennt, sondern arbeiten gemeinsam. Den Atem kannst du als verbindendes Element begreifen. Wenn du richtig atmest, erweist du nicht nur deinem Körper, sondern auch deinem Geist einen guten Dienst.«
Der Wanderer nickte und spürte, wie gut es ihm tat, sich mehr um seinen Körper zu kümmern. Viel zu lange schon hatte er ihn vernachlässigt.

Eines Morgens vor ihrem üblichen Spaziergang bereitete Baihu eine besondere Kräutersalbe zu und wies dann auf das Bein des Wanderers.
»Du meinst, das ist für mein Bein?«, fragte der Wanderer überflüssigerweise. Baihu nickte heftig und grinste. Der Wanderer nahm die noch warme Salbe entgegen, krempelte sein verschlissenes Hosenbein hoch und rieb die Salbe auf sein Knie.

»Diese Salbe wird dir so nicht helfen«, sagte der Drache, und der Wanderer hielt inne.
»Aber Baihu kennt sich doch so gut aus ... Hast du ihm nicht selbst all diese Kräuter gezeigt?«
»Das ist richtig, hm. Die Kräuter sind auch gut. Aber so, wie du die Salbe benutzt, wird sie nicht helfen, hm.«
»Aber wie soll ich sie denn benutzen? Ich schmiere sie auf mein Bein. Dafür ist sie doch wohl gedacht.« Der Wanderer war etwas verwirrt.
»Es ist die Art, wie du das tust, die deiner Heilung im Wege steht. Du klatscht dir die Salbe auf dein Bein, wischt drei oder vier Mal mit deiner Hand darüber, knetest ein bisschen herum und hoffst, dass das jetzt endlich etwas bringen möge, hm. Ich kann von hier aus sehen, wie du dein Bein dabei hasst, wie sehr es dich nervt, wie viel lieber du in diesem Moment etwas anderes machen möchtest. Aber auch hier geht es um Achtsamkeit, hm. In diesem Augenblick geht es nur darum, dich um dein Bein zu kümmern. Wenn du dein Bein hasst, weil es nicht immer das tut, was du von ihm erwartest, hast du keine Achtung vor dir und deinem Körper. Und was verachtet wird, kann nicht gesund werden, hm.«
Der Wanderer war nachdenklich geworden. »Wahrscheinlich hast du recht. Ich ... ich bringe meinem Bein wirklich nicht gerade Achtung entgegen. Ich WILL, dass es funktioniert.«
»Und was wir zu sehr wollen, entwickelt sich meist anders«, lachte der Drache. »Akzeptiere den Augenblick so, wie er ist. Akzeptiere dein Bein so, wie es ist. Sei dankbar dafür, dass es dich bislang durch dein Leben getragen hat. Wie oft hat es sich in deinem Leben schon gebeugt und gestreckt? Wie viele Meilen hat es dich getragen, bis du in diesen Bergen angekommen warst? Du solltest deinem Körper mehr Liebe und Dankbarkeit entgegenbringen. Wenn du versuchst, jemanden zu zwingen, etwas für dich

zu tun, wird er sich wahrscheinlich weigern. Wenn du ihn aber fürsorglich behandelst, ihm für das dankst, was er bereits für dich getan hat, und ihn spüren lässt, dass du dich ihm sehr verbunden fühlst, wird er von sich aus gern bereit sein, auch weiterhin etwas für dich zu tun, hm. Genauso ist es auch mit deinem Körper.«
Der Wanderer erinnerte sich an all die Momente, in denen er sein Bein verflucht hatte. Würde er sich gut fühlen, wenn man ihn verfluchte und zur Hölle wünschte?
Langsam nahm er noch etwas von der Salbe aus Baihus Topf und begann, sein Bein behutsam zu massieren und die Salbe zu verteilen. Er dachte an die vielen Jahre, in denen sein Bein vollkommen gesund gewesen war. Er dachte an die unzähligen Meilen, die er schon gelaufen war, die Reise, die seine Beine ihm ermöglicht hatten. Er drückte mit seinen Fingern vorsichtig in das Gewebe, arbeitete die Salbe ein, sorgte dafür, dass sein Knie gut durchblutet wurde, war sich selbst ganz nah, achtsam und liebevoll.
»Viel besser, hm«, lobte ihn der Drache. »Einiges von deinem Schmerz ist in deiner Seele, nicht in deinem Bein. Wenn du das verstehst, kannst du geheilt werden. Nur weil vielleicht andere hart und unnachgiebig zu dir waren, musst du nicht genauso zu dir selbst sein. Ein liebevoller Umgang mit sich selbst ist die Voraussetzung für eine gute Gesundheit!«
Der Wanderer schaute ihn an. »Danke …«, war das Einzige, was er in diesem Moment sagen konnte. Es war auch das Einzige, was in diesem Moment nötig war.

Das *Wen-tzu* (auch *Wenzi* genannt) ist neben dem Tao Te King ein weiteres taoistisches Werk, das uns heute noch viel Weisheit vermitteln kann. Vor mehr als zweitausend Jahren wahrscheinlich von einem Schüler Laotses geschrieben, kann man es als Fortführung des Buches des alten Meisters betrachten. In diesem Werk finden wir einen scheinbar sehr simplen Rat: »Jene, die wir Weise nennen, leben, wie es ihrem wahren Zustand entspricht, das ist alles. Sie essen gemäß dem Fassungsvermögen ihres Bauches, sie kleiden sich je nach Umfang ihres Körpers. Da sie Maß halten, kann in ihrem Herzen keine Gier entstehen.«[11]

Der Taoismus ist, wie viele asiatische Traditionen, sehr um Gleichgewicht bemüht. Nicht zu viel und nicht zu wenig lautet die Devise.

Wie oft vergessen wir das rechte Maß und schaden uns dadurch selbst? Wer hat sich nicht schon einmal bei einem Weihnachtsessen den Magen verdorben? Und hören wir sonst immer auf, zu essen, wenn wir satt sind? Wer hat nicht schon einmal bei einer Feier zu tief ins Glas gesehen und dies dann am nächsten Tag mit einem gehörigen Kater bezahlt?

Auf der anderen Seite gibt es auch Menschen, die sich selbst nichts gönnen, sich selbst kasteien, weil sie meinen, damit ein höheres Ziel zu verfolgen, und nicht sehen, dass ihr Verhalten aus einem gewissen Selbsthass resultiert. Oder auch die, die zwischen Phasen der Völlerei und der Selbstkasteiung hin und her pendeln. Alle diese Verhaltensweisen wären für einen taoistischen Meister undenkbar. Er hält das rechte Maß, findet die Balance.

11 zitiert nach: Thomas Cleary (Hrsg.): *Also sprach Laotse*, S. 64

»Der Weg entwickelter Menschen besteht darin, den Körper durch Ruhe zu pflegen und das Leben durch Genügsamkeit zu nähren. Willst du den Körper lenken und die wahre Natur nähren, so schlafe und raste nur in Maßen, iss und trink in angemessener Weise, bringe Harmonie in deine Gefühle, und vereinfache dein Handeln.«[12]

Hier wird deutlich, dass das taoistische Weltbild Körper und Geist als Einheit sieht: Sowohl körperliche Ruhe und die Ernährung werden bedacht als auch unsere Emotionen. Alles spielt zusammen. Alles hat eine Auswirkung auf unsere Gesundheit und unser Wohlbefinden. Und in jedem Bereich geht es um das rechte Maß. Wir müssen natürlich ruhen, aber wer sein Leben auf der Couch verbringt, wird weder körperlich noch psychisch auf Dauer gesund bleiben. Ebenso wird derjenige, der meint, er müsse jede Woche mindestens einen Marathon laufen, sich auf lange Sicht Schaden zufügen. Harmonie in den Gefühlen hingegen meint, dass wir unsere Emotionen ernst nehmen, sie ganz fühlen, uns aber nicht jede Handlung von ihnen diktieren lassen. Wir können innerlich unsere Gefühle betrachten und sie auch einmal vorbeiziehen lassen, so, wie unsere Gedanken in der Achtsamkeitsmeditation. Weder derjenige, der rein emotionsgesteuert lebt und über keinerlei Impulskontrolle verfügt, noch derjenige, der überhaupt keine Gefühle zulässt und über die emotionale Tiefe eines Backsteins verfügt, wird in dieser Welt gesund und glücklich leben können.

Wenn wir unsere Mitte finden, werden wir nicht zu solchen Extremen neigen. Diese Mitte hält uns im Gleichgewicht und ist die beste Voraussetzung für Gesundheit und ein langes Leben.

12 ebd., S. 19

Das *Wen-tzu* weitet dieses Bild der Balance noch weiter aus. Wer beim Essen, beim Ruhen und in seinen Emotionen im Gleichgewicht ist, kann diesen Zustand der ruhigen Mitte auch auf seine weitere Lebensführung übertragen und damit die »drei unnatürlichen Todesarten« vermeiden:

»Wenn du unmäßig isst und trinkst und deinen Körper sorglos und geringschätzig behandelst, dann werden dich Krankheiten töten. Wenn deine Habgier und dein Ehrgeiz keine Grenzen kennen, dann werden dich Strafen töten. Wenn du es zulässt, dass kleine Gruppen die Rechte der Massen verletzen und die Schwachen von den Starken unterdrückt werden, dann werden dich Waffen töten.«[13]

Wir sehen, wie alles miteinander zusammenhängt und wie unsere Mitte uns sicher in der Welt des alldurchdringenden Tao ruhen lässt. Diese Mitte, die wir auf geistiger Ebene durch die Meditation stärken, können wir auch auf ganz konkreter körperlicher Ebene bewusst mit Energie versorgen. Nachfolgend findest du zwei sehr einfache Körperübungen, die diesem Zweck dienen und die das taoistische Prinzip der Einfachheit in sich tragen.

13 ebd., S. 29

ÜBUNG 7: STEHEN WIE EIN BAUM

Diese Übung wird dir vielleicht zuerst seltsam vorkommen, weil sie allzu einfach klingt. Doch nachdem du sie das erste Mal gemacht hast, wirst du sie sicherlich mit anderen Augen sehen.

Stelle dich aufrecht an einen ruhigen Ort, die Füße schulterbreit auseinander, die Knie nicht ganz durchgedrückt, sondern leicht gebeugt, das Becken ganz leicht nach vorn geschoben, um ein Hohlkreuz zu vermeiden. Deine Arme hängen entspannt neben deinem Körper herab, die Schultern sind entspannt, der Rücken ist gerade, aber der Wirbelsäule ihre natürliche Krümmung lassend. Sei wie ein Baum: Verwurzelt in der Erde und nach oben in den Himmel gerichtet.

Nun lässt du deinen Atem kommen und gehen, wie du das auch in der Achtsamkeitsmeditation machst. Lass den Atem geschehen, lass ihn wie Wasser durch dich hindurchfließen, bis in deinen Bauch hinab und wieder zurück. Versuche, ganz sanft in dein Tan Tien zu atmen. (Das ist ein Punkt etwa zwei oder drei Fingerbreit unter deinem Nabel.) Mache diese Übung für etwa zehn Minuten.

Wenn du möchtest, kannst du auch in dieser stehenden Meditation deine Achtsamkeit durch deinen Körper lenken und jedem Körperteil, jedem Organ ein inneres Lächeln schen-

ken. Aber das einfache Stehen ist für sich genommen schon Übung genug. Der Blutkreislauf und die Vitalität werden verbessert, die innere Ruhe wird tiefer.
Nach einer gewissen Gewöhnung an diese Übung kannst du eine weitere Position ausprobieren, indem du wie zuvor beschrieben stehst, aber deine Hände etwa auf Brusthöhe anhebst, als wolltest du einen großen Ball umarmen. In dieser Position fließt die Energie noch einmal auf andere Weise, doch sie ist für deine Schultern anspruchsvoller, weshalb du hier mit fünf Minuten Übungszeit beginnen solltest.

Auch wenn wir bei diesen Übungen nahezu bewegungslos verharren, haben sie doch einen großen Einfluss auf unser Energiesystem. Durch unsere aufrechte Haltung, in der kein inneres Organ eingeengt wird, kann die Energie frei in uns fließen und uns stärken. Gleichzeitig werden unsere Knie gestärkt und auch unser Gleichgewichtssinn wird trainiert. Versuche, einmal bewusst darauf zu achten, ob du dein Gewicht gleichmäßig auf den rechten und den linken Fuß verteilst. Es gibt viele Menschen, denen das nicht unbedingt leichtfällt.

ÜBUNG 8: EINEN KREIS ATMEN

Nimm die Grundhaltung aus Übung 7 ein: Füße schulterbreit auseinander, der Körper insgesamt aufrecht, die Arme und Schultern entspannt. Führe deine Hände nun zu einer Schale geformt (Handflächen nach oben) zu deinem *Tan Tien.* Atme ein, und führe die Schale deiner Hände bis auf Höhe deines Solarplexus. Dann drehst du die Handflächen nach unten, führst deine Hände wieder zurück zu deinem *Tan Tien* und atmest dabei aus.

Nun atmest du tief ein und führst währenddessen deine Hände (Handflächen nach unten gerichtet) in einem weiten Bogen vor deinem Körper nach oben über deinen Kopf, wobei die Handflächen in der Endposition wieder nach oben zeigen.

Jetzt öffnest du die Arme und führst deine Hände ausatmend rechts und links an deinem Körper in einem Bogen nach unten, wo du sie wieder mit den Handflächen nach oben (Schale) vor deinem *Tan Tien* zusammenlegst.

Dann beginnt ein neuer Zyklus. Wiederhole diese Übung etwa zehn Mal.

Diese Übung bewirkt, dass dein Körper mit mehr Sauerstoff und Energie versorgt wird, daher bietet sie sich an, wenn du dich schlapp und müde fühlst, aber keine Gelegenheit für ein Nickerchen hast. Du kannst diese Übung auch morgens nach dem Aufstehen machen, um richtig wach zu werden. Am besten draußen oder an einem weit geöffneten Fenster. Sei aber vorsichtig! Manche Menschen reagieren auf die erhöhte Sauerstoffaufnahme mit Schwindel. Pass hier also gut auf dich auf, und finde das passende Maß für dich.

Das hier angesprochene *Tan Tien* ist unsere körperliche Mitte, unser Dreh- und Angelpunkt. Durch die beiden Übungen wird diese Mitte gestärkt (und dazu noch viele andere Aspekte unseres Körper-Geist-Seele-Systems) und dadurch unser Schwerpunkt an die richtige Stelle unseres Körpers verlagert. Dies ist sowohl bei jeder Form von Bewegung von Vorteil als auch für ein ausbalanciertes Leben zwischen Himmel und Erde. Wenn unser Schwerpunkt im *Tan Tien* liegt, dann haben wir weder den Kopf in den Wolken und bauen unentwegt Luftschlösser, noch werden wir von zu viel Erdenergie schwergängig und träge. Wir sind auch auf dieser Ebene in der Mitte. Dort, wo wir hingehören.

Eine Randbemerkung sei mir in diesem Kapitel, das sich in einem weiteren Sinne mit Gesundheit beschäftigt, noch gestattet: Die Übungen, die ich hier vorstelle, sind so einfach wie das genannte Aufhören mit dem Essen, wenn wir satt sind. Wir müssen es nur tun. Und Einfachheit ist *das* Kennzeichen des frühen Taoismus, das ich mir bei den Meditationen wie bei den beiden Körperübungen und allen anderen

Ratschlägen zu Herzen genommen habe. In vielen Büchern über den Taoismus findet man hoch komplizierte Dinge: Visualisierungen, vertrackte Meditationsanweisungen, die ohne kundigen Lehrer kaum zu befolgen sind, schwierige Atemübungen, entsprechende Energieübungen und vieles mehr. All diese Dinge entstammen dem späteren Taoismus, der sich lange nach Laotse und Tschuang-tse entwickelte und zuweilen ein sehr seltsames Gemisch aus Alchemie, Aberglaube, Magie und Unsterblichkeitswünschen bildet. Außer dem Namen hat er mit dem frühen Taoismus allerdings nicht viel gemeinsam. Wenn du also komplizierte Dinge suchst, für die du Einweihungen und Ähnliches benötigst, dann solltest du an diesen Stellen suchen. Wenn du es einfach magst, bleibe bei Laotse und Tschuang-tse.

DER DRACHE DES GLÜCKS

Nach ein paar Wochen verabschiedete sich Baihu. Der Herbst war weit fortgeschritten, die Tage wurden merklich kürzer und kühler, und Baihu wollte vor Anbruch des Winters in seinem Dorf sein. Bevor er ging, überreichte er dem Wanderer noch ein dickes Päckchen. Mit einem breiten Lächeln verbeugte er sich, fast schien er sich mehr über das Geben zu freuen als der Wanderer über das Empfangen. Der Wanderer wickelte das Päckchen aus und hielt eine dicke, sorgsam gewebte Jacke und eine ebensolche Hose in den Händen. Auch ein paar gefütterte Stiefel waren Teil des Geschenks, das den Wanderer überwältigte. Er wusste genau, dass diese Dinge ein Vermögen in den Dörfern wert waren.

»Baihu, ich weiß nicht, was ich sagen soll … Diese Dinge sind wunderschön, aber ich kann das kaum annehmen.«

»Doch, du kannst«, sagte der Drache. »Die Ernte in den Dörfern war gut, und ein Freund von mir hat viele Fische in die Netze der Fischer getrieben. Alle aus dem Dorf haben ihren Anteil zu deinem Geschenk beigetragen, denn sie haben deine Geschichte gehört und finden deine Reise wertvoll. Sie glauben, dass du etwas lernst und dies weitergeben kannst, wenn die Zeit reif ist.

Deshalb haben sie dir diese warmen Sachen gemacht. Damit deine Reise weitergehen kann.«
Der Wanderer schluckte. Tränen der Rührung standen in seinen Augen.
»Danke, Baihu. Danke … Bitte richte allen Dorfbewohnern aus, dass ich mich sehr geehrt fühle und das nie vergessen werde.«
Baihu lächelte noch breiter, verbeugte sich noch einige Male und drehte sich dann um, um seiner Wege zu gehen. Der Wanderer legte seine neuen Sachen beiseite, rannte hinter ihm her und umarmte ihn.
»Ich weiß nicht, ob das in eurer Kultur angemessen ist«, sagte er, »aber ich möchte dir einfach auf diese Weise danken. Du bist mir ein echter Freund geworden.«
Baihu umarmte den Wanderer ebenfalls ein wenig unbeholfen, grinste bis zu seinen abstehenden Ohren und stapfte dann in den Wald hinein Richtung Süden, auf sein Dorf zu.

Der Wanderer fühlte sich erholt und wie neugeboren. Sein Körper war kräftiger geworden, und er hatte wieder etwas an Gewicht gewonnen. Baihus Essen hatte ihm gutgetan, die Atem- und Körperübungen noch mehr. Am meisten verändert hatte sich jedoch sein Umgang mit seinem eigenen Körper. Jeden Tag hatte er sich um sein Bein gekümmert, es mit der Kräutersalbe eingerieben, es massiert, ihm gedankt und ihm seine volle Aufmerksamkeit geschenkt. Es fühlte sich so gut und gesund an, wie schon lange nicht mehr.
Auch Chen Lu sah bedeutend besser aus. Ihr Fell war erstaunlich schnell nachgewachsen, und die ausgiebigen Streicheleinheiten von Baihu hatten ihr ebenso gutgetan wie so mancher Leckerbissen, den er ihr zugesteckt hatte.

»Auch für dich wird es nun Zeit, weiterzuziehen«, sagte der Drache. »Bald kommt der Winter, und wer weiß, wie viel Weg du noch vor dir hast, hm.«
Der Wanderer nickte. Er teilte dieses Gefühl. Es war Zeit, und es fühlte sich richtig an. Er schnürte sich ein Bündel, packte auch den alten Topf von Baihu ein, um sich weiterhin Essen kochen zu können, zog sich die neuen Stiefel an und griff nach seinem Stock.
»Meinst du, du brauchst ihn noch?«, fragte der Drache. »Hab Vertrauen zu dir selbst!«
»Dann möchte ich, dass du ihn behältst. Ich habe sonst nichts, was ich dir geben könnte, aber ich möchte dir danken.«
»Dann nehme ich ihn freudig an, hm.«
Wahrscheinlich wird er ihn als Zahnstocher benutzen, schoss es dem Wanderer unvermittelt durch den Kopf, und er musste lachen.
»Was?«, fragte der Drache.
»Nichts«, meinte der Wanderer. »Ich freue mich bloß. Mir geht es gut. Einfach gut.«
»Dann ist meine Arbeit getan, hm«, sagte der Drache und lächelte. »Leb wohl!«
Der Wanderer verneigte sich tief vor dem Drachen, schaute dann auf einen nahen Berggipfel und ging spontan in diese Richtung los. Chen Lu schoss voran, als wüsste sie genau, wohin es gehen sollte.

Drei Tage später hörte er plötzlich ein lautes Lachen im Wald. Es dröhnte zwischen den Bäumen und konnte eigentlich nur von einem einzigen Wesen stammen. Einem Drachen! Der Wanderer ging weiter und schaute zwischen den dicht stehenden Bäumen umher, doch nirgendwo konnte er etwas entdecken. War dieser Drache unsichtbar? Hatte er sich so gut versteckt?

»Hey! Hey, hier oben bin ich!«, hörte er da eine Stimme.

Der Wanderer schaute nach oben, und tatsächlich: Weit oben in den hohen Bäumen saß ein Drache und klammerte sich an Stamm und Ästen fest.

»Was … was machst du da?«, fragte der Wanderer verblüfft.

»Ich wollte über das Land schauen und bin die Bäume hochgeklettert. Und dann ist mir eingefallen, dass ich ja fliegen kann«, sagte der Drache und begann wieder, schallend zu lachen. Seine blaue Mähne bebte ebenso wie sein ziemlich dicker, gelber Bauch.

»Tja, und jetzt stecke ich fest. Nicht sehr beeindruckend und Ehrfurcht gebietend, fürchte ich …« Er kicherte. »Nun gut. Da du jetzt ja hier bist, habe ich einen Grund, wieder hinunterzukommen. Vielleicht geht das leichter als herauf.«

Der Drache wand sich zwischen den Ästen, es knackte und knarrte, Tannenzapfen regneten auf den Wanderer herab.

»Vorsicht da unten!«, rief der Drache. Dann rutschte er ein Stück nach unten. »Ha!«, schrie er begeistert. »Das solltest du auch mal versuchen!«

Endlich hatte er sich befreit und auch den Rest des Weges auf den Boden hinab bewältigt. Grinsend stand er nun vor dem Wanderer. Er war ein ziemlich kleiner, ziemlich bunter Drache. Chen Lu beschnüffelte ihn, was ihn abermals zum Lachen brachte.

»Ein schöner Hund«, sagte er. »Dann kannst du von mir eigentlich nichts mehr lernen, wenn dich solch ein Meister, Verzeihung, solch eine Meisterin begleitet.«

»Chen Lu ist eine Meisterin?«, fragte der Wanderer etwas ungläubig.

»Oh ja, aber sicher. Es gibt wohl kaum jemanden, der dir so viel über Glück beibringen kann, wie ein Hund. Sieh nur, wie sie jetzt

zwischen den Bäumen herumstreunt, hier schnüffelt, dort schnüffelt … und jetzt … Aaaah! Pinkeln. Großartig!«
»Und das ist Glück?«
»Ja, das einzige Glück, das wirklich bleibt. Absichtslos in der Welt umherstreifen, den Augenblick genießen, der Natur folgen. Einen Hügel hinaufrennen, nicht weil man oben stehen will, sondern einfach, weil es Spaß macht. Den Hügel hinunterflitzen, ohne Grund lachen …«
»Einen Baum hinaufklettern, obwohl man fliegen kann?«, fragte der Wanderer spitz.
Der Drache lachte lauthals. »Ja, genau. Ich wusste ja vorher gar nicht, wie gut sich die Baumrinde an meiner Wampe anfühlt.« Er kicherte und konnte sich kaum beruhigen. »Man muss die Dinge mit Humor nehmen, dann macht das Leben weitaus mehr Spaß, glaub mir! In allem ist ein Lachen verborgen. Die Sonne geht auf und kitzelt uns an der Nase. Der Bach plätschert eine lustige Melodie. Der Bär lässt sich auf seinen dicken Hintern plumpsen, um noch mehr zu essen. Ein Drache hängt im Baum fest. Ein Eichhörnchen wirft mit Nüssen. Die Teetasse fällt dir aus der Hand, du bückst dich und in dem Moment furzt der Hund. Ist das alles etwa nicht zum Lachen?«
Der Wanderer schmunzelte, dann musste auch er losprusten. Gemeinsam lachten sie, bis ihnen die Tränen die Wangen herunterliefen.
»Siehst du«, sagte der Drache nach einer Weile, »schon besser! Lachen ist gesund. Es macht uns leicht und befreit uns von unseren Sorgen. Unsere Schritte werden unbeschwerter, und wir können das Geheimnis der Welt mehr genießen, das wir ohnehin nie verstehen werden. Auch das kann uns wieder lachen lassen.«
»Ich glaube, meine Reise begann mit dem Wunsch, dieses Geheimnis zu verstehen. War in dieser Hinsicht alles sinnlos?«

»Die Suche war nicht sinnlos. Sie war nicht wirklich nötig, aber da du sie unternommen hast, war sie auf keinen Fall sinnlos. Du musstest unterwegs sein, dir viele Dinge von der Seele laufen, bevor du klar sehen konntest. Vielleicht hättest du alle Dinge, die du in den letzten Monaten für dich erkannt hast, auch auf andere Weise lernen können. Vielleicht durch große Schmerzen, einen tiefen Verlust … ich weiß es nicht. Aber dein Weg hat dich hierher geführt. Hierher in dieses Jetzt, in diesen Augenblick. Das Tao fließt und hat dich an dieses Ufer gespült. Hier hast du die Drachen getroffen, hier hast du Chen Lu getroffen. Hier hast du Tiere und Pflanzen gesehen, die es in deiner ursprünglichen Heimat nicht gibt. All diese Eindrücke haben dich geöffnet. Und dann war Lernen möglich.«

»Du meinst, alle Erfahrungen haben mich hierher geführt? Auch jede falsche Entscheidung, jeder Umweg?«, fragte der Wanderer.

»Wir können unser ganzes Leben damit zubringen, darüber nachzudenken, was wir in dieser oder jener Situation hätten anders machen können. Tatsache ist, dass das Tao niemals rückwärts fließt. Wir können nicht ändern, was geschehen ist. Wir können erkennen, dass wir Fehler gemacht haben, und uns dafür entschuldigen oder versuchen, Dinge wiedergutzumachen. Aber wirklich ändern können wir im Nachhinein nichts. Wir können nur aus unseren Fehlern lernen und hoffen, sie nicht zu wiederholen. Aber wir sollten auch bedenken, dass uns alle Entscheidungen und alle Erfahrungen zu demjenigen gemacht haben, der wir in diesem Augenblick sind. Hier stehen wir jetzt mit unserer Geschichte und können handeln. Jeder Tag ist ein neuer Anfang. Heute können wir es besser machen. Heute können wir uns Zeit nehmen für die Dinge, die wir viel zu oft vernachlässigt haben.«

»Die kleinen Dinge …«

»Ja, es sind die kleinen Dinge, die ein glückliches Leben ausmachen. Der Geschmack des Tees am frühen Morgen, der erste Atemzug nach dem Verlassen des Hauses, wenn du die Düfte der Welt wahrnimmst. Das Gefieder einer Mandarinente auf dem See, der Reif auf den kleinen, roten Beeren eines Strauchs am Wegrand. Die alte Frau, die dir auf dem Markt zulächelt und dir einen Fisch mehr in deinen Korb legt, einfach so, aus purer Menschlichkeit und Güte. Die Kinder, die eine staubige Straße mit ihrer Fantasie in ein wogendes Meer verwandeln können. Das Licht, das abends in deiner Hütte brennt und an dem dein Nachbar dir seine Geschichten erzählt.«
»Wahrscheinlich sind das wirklich alles Dinge, die wir Menschen gern übersehen«, gestand der Wanderer.
»Eure Leben sind so unruhig, dass ihr diese Dinge aus den Augen verliert. Sie sind so alltäglich, dass ihr nicht mehr erkennt, wie wertvoll sie sind. Nichts, wirklich gar nichts ist selbstverständlich. Und nichts ist gewöhnlich, kein einziger Augenblick!«
»Vielleicht hätte ich mich nicht auf die Suche machen müssen, wenn ich diese Dinge wahrgenommen und geachtet hätte …«
»Aber du brauchtest diese Suche, diese lange Reise, um sie wahrnehmen zu können. Das meine ich, wenn ich sage, dass alle Erfahrungen uns in diesen Moment führen. Jetzt bist du hier, jetzt kannst du diese Dinge wahrnehmen und dich auch an anderen sogenannten Kleinigkeiten erfreuen. Dein Herz brauchte diese Reise. Es ist besser, zigtausend Meilen zu wandern und dann zu erkennen, dass man nie hätte losgehen müssen, als zu Hause zu bleiben und diese Dinge vielleicht niemals wahrzunehmen, niemals dankbar für das zu sein, was man direkt vor seiner Nase vorfindet. Na ja, und es ist ja auch nicht sooo schlecht, ein paar Drachen kennenzulernen.« Er lachte wieder dröhnend, und der Wanderer musste mitlachen.

»Wie immer auch deine Vergangenheit ausgesehen haben mag: Jetzt kannst du die kleinen Dinge achten und glücklich sein. Schau dir Chen Lu an, die sich dort auf dem Boden wälzt, ihre Beine in die Luft streckt und die Zunge aus dem Hals hängen lässt. Ich vermute, dass ihre Vergangenheit nicht viel rosiger war als deine. Und dennoch ist sie JETZT glücklich!«
»Sie stellt sich aber auch keine Fragen über das Woher und Wohin, über das Wesen der Welt oder über Gott«, wandte der Wanderer ein.
»Wozu auch? Meinst du wirklich, irgendjemand hätte jemals auf solche Fragen eine Antwort gefunden?! Noch dazu die eine, richtige Antwort?! Wir sind Lebewesen – und das Einzige, was wir tun können, ist, lebendig zu sein. Zu leben bedeutet für uns, dem Tao zu folgen. Da wir denken können, können wir uns auch Fragen stellen, aber die beste Antwort auf alle diese tiefgründigen Fragen, mit denen wir uns oft selbst quälen, ist es, den Augenblick zu betrachten, die kleinen Dinge wertzuschätzen und leise zu lächeln. Wir können der Schönheit zulächeln, die wir überall erfahren dürfen. Und wir können ab und an auch herzhaft über unseren Versuch, alles erklären zu wollen, lachen. In diesen Momenten ist uns das Tao so nah, macht mit dem Lachen unseren Kopf frei und unsere Seele leicht. Dieses Gefühl kommt wohl dem, was ihr Menschen Erleuchtung nennt, am nächsten. Also lauf den Hügel hinauf und hinab, lass deine Zunge aus dem Hals hängen, wälz dich auf dem Boden, wenn es dir Spaß macht, albere mit deinen Freunden herum, spiele mit Kindern, lache mit ganzer Seele und aus vollem Herzen, vor allem auch immer wieder über dich! Sei glücklich, wenn eine bunt schillernde Libelle auf deiner Hand landet, und erfreue dich an diesem Geschenk deines Lebens! In dem Moment, in dem du in das Lachen des Tao einstimmst, wirst du alles erfahren, was sich zu erfahren lohnt!«

Eine Spiritualität, die nicht über sich selbst lachen kann, hat wirkliche Probleme, die sich auf Dauer durch Ignoranz und Intoleranz bemerkbar machen werden. Schaue dich in der Welt um, und du weißt, was ich meine.

Wenn wir uns selbst zu ernst nehmen und glauben, dass unsere Antworten oder die Antworten, die unsere Tradition uns überliefert hat, die einzig richtigen sind, dann stehen wir uns selbst im Weg. Wir setzen Scheuklappen auf und beschränken unsere Sicht auf einen bestimmten Ausschnitt der Welt, der zu unserem Denken passt. Doch die Welt ist weitaus größer als unser Denken. Sie ist vielfältiger, bunter und geheimnisvoller, unergründlicher.

Über uns selbst zu lachen, ist Loslassen in Perfektion. Deshalb sind Narren die einzigen Heiligen, denen ich vertraue. Sie nehmen sich selbst nicht allzu ernst und wissen, wie der große westliche Weise Sokrates, um ihr Unwissen.

Eine der humorvollsten Persönlichkeiten des Taoismus war sicherlich Tschuang-tse. Er war schon zu Lebzeiten ein von vielen hoch geschätzter Dichter und Philosoph und ein von anderen misstrauisch beobachteter Spötter. Er selbst gab nicht viel auf seinen Ruf, weder den guten noch den schlechten. Er saß am Fluss und angelte, war einfach der, der er war, und genoss sein einfaches, aber glückliches Leben. Eines Tages kamen Boten des Landesfürsten zu ihm und luden ihn in den Palast ein, weil er aufgrund seiner Weisheit der neue Regierungschef werden sollte. Tschuang-tse hielt weiter seine Angel ins Wasser und sagte: »Man hat mir erzählt, es gebe eine heilige Schildkröte, die wurde vor dreitausend Jahren geopfert und heiliggesprochen und vom Fürsten tief verehrt. In Seide eingeschlagen ruhe sie nun in einem kostbaren Schrein auf einem Hochaltar im Tempel. Was meint ihr: Ist es besser, sein Leben aufzugeben und als heilige Hülle dreitausend Jahre in einer Weihrauchwolke verehrt zu werden, oder am Leben zu bleiben und als ganz gewöhnliche Schildkröte den Stummelschwanz durch den Schlamm zu ziehen?«[14]

Tschuang-tse fühlte sich wohl in seinem »Schlamm« – er konnte tun, was er liebte, er konnte über sich selbst und die Verlockungen von Macht und Reichtum lachen, und er konnte seine Gewöhnlichkeit, die er mit allen Menschen teilte, sehen und annehmen. Tschuang-tse war ein glücklicher Mann. Wenn er gefragt wurde, wo man das Tao finden könne, entgegnete er: »Es gibt keinen Ort, an welchem man es nicht finden könnte.«[15]

Das war seine eigene Erfahrung. Wohin er auch blickte, er sah das Tao, das sich mit jedem Augenblick entfaltete. Er war dankbar, das Tao in den Ziegen und den Eseln seines Heimatortes sehen zu können, in den Falken am Himmel, in den Gesichtern der Bauern, den Ameisen auf dem Weg, dem Bach und den Bergen und den Wolken. Selbst wenn er in einen Kothaufen trat, lachte er und freute sich, wie das Tao sich so geschickt unter seinen Schuh gedrängt hatte, um wirklich überall zu sein. Das Glück lag in jedem Augenblick, und er wertschätzte jeden einzelnen – ohne Ausnahme. Vielleicht können unsere Schritte durch die Welt von einem ähnlichen Glück geprägt sein. Vielleicht können wir unsere Schritte (wenn auch nicht gleich den Schritt in einen Kothaufen,

14 zitiert nach: Thomas Merton: *Sinfonie für einen Seevogel*, S. 70/71
15 ebd., S. 100

das ist eine Disziplin für Fortgeschrittene) mehr genießen und uns an ihnen erfreuen. Vielleicht können wir voller Dankbarkeit das »Glück der kleinen Dinge« entdecken, die vielen wunderbaren Momente, die aufgrund unserer Geschäftigkeit oft unbemerkt an uns vorbeiziehen.

ÜBUNG 9: DURCH DIE WELT FLIESSEN (GEH-MEDITATION)

Das Glück liegt in jedem Augenblick – und eine gute Methode, im gegenwärtigen Augenblick zu verweilen und das ihm innewohnende »Glück der kleinen Dinge« zu entdecken, ist die Geh-Meditation.

Suche dir einen Platz, an dem du mindestens zehn kleine Schritte machen kannst. Das kann entweder der Flur in deiner Wohnung sein oder besser noch ein Weg in der freien Natur. Stelle dich aufrecht hin, lass die Arme neben deinem Körper locker hängen, achte auf deinen Atem wie in der Achtsamkeitsmeditation, und mache ganz bewusst einen Schritt nach vorn. Hebe den Fuß langsam und bewusst von der Erde, spüre, wie er über den Ballen abrollt, wie deine Muskeln arbeiten, um den Fuß anzuheben. Bringe den Fuß nach vorn, und setze ihn ganz bewusst ab. Spüre, wie er wieder in Kontakt mit dem Boden kommt, wie dein Körper arbeitet, um dein Gleichgewicht zu halten. Mache dann den nächsten Schritt. Wenn es dir leichtfällt, achtsam bei deinen Schritten zu bleiben, versuche, deine Atmung mit deinen Schritten zu verbinden. Atme ein, wenn du den Fuß hebst, und aus, wenn du ihn wieder absetzt.

Wenn du etwas schneller gehen möchtest (was völlig in Ordnung ist, denn dies ist kein Wettbewerb darin, besonders heilig auszusehen), dann achte einfach auf deine Schritte, und lass deinen Atem weiterhin kommen und gehen. Finde deinen eigenen, bewussten Rhythmus.

Du wirst sehen, dass dir diese Meditation in Bewegung guttun wird. Gerade an Tagen, an denen du einfach aufgrund deines Alltags viel zu unruhig für eine Sitzmeditation bist und schon nach zehn Sekunden auf dem Kissen meinst, »durchdrehen« zu müssen, ist die Geh-Meditation eine wundervolle Alternative, um ruhig und gelassen zu werden und dabei deine eigenen Schritte und den eigenen Atem wirklich zu genießen.

Eins mit der Welt: Die Drachen der Elemente

»Tanz mit uns«, sagte einer der fünf Drachen, die vor dem Wanderer standen.

»Was?« Der Wanderer schien ernsthaft entsetzt über diesen Vorschlag. Vor ein paar Tagen hatte er den Drachen des Glücks verlassen und war weitergewandert. Unterwegs hatte er viel Zeit damit verbracht, Chen Lu zu beobachten, und immer öfter mit ihr zusammen gelacht. Seinem Bein ging es gut, und so hatte er mit ihr rennen und mehr mit ihr spielen können, was die Hündin sichtlich genoss. Und auch er genoss es. Er hatte das Gefühl, dass sein Weg immer leichter, seine Schritte immer unbeschwerter wurden. Sein Geist entspannte sich in den Rufen der Falken, im Geräusch des Windes, der jetzt immer stärker wurde und die Bäume kräftig schüttelte, im Knistern des Feuers, das er abends entzündete, um sich in Baihus Topf etwas zu essen zu kochen. Dann hatten sie heute Vormittag dieses Plateau erreicht, einen fast kreisrunden Platz mit dichtem Gras, vereinzelten grauen Felsen und ein paar Hemlocktannen, auf dem fünf Drachen lagen und auf ihn und Chen Lu zu warten schienen. Einer von ihnen war von einem dunklen, eher glanzlosen Braun, ein anderer war grün und braun, mit mächtigen Klauen und tiefschwarzen Augen. Wieder ein anderer war rot, orange und gelb, bewegte sich schneller als die anderen, sprang unruhig hierhin und dorthin. Der nächste war schiefergrau, glänzte wie ein kunstvoll geschmiedetes Schwert und klirrte mit seinen Schuppen, während der letzte im Bunde blau und weiß war und sich noch fließender bewegte als die anderen Drachen, die der Wanderer bislang getroffen hatte. Schnell stellte sich heraus, dass dies die Drachen der einzelnen Elemente waren. Holz, Feuer, Erde, Metall und Wasser – verkörpert von diesen wunderbaren Drachen, die den Wanderer nun auffordernd anschauten.

»Tanz mit uns«, sagte der Wasserdrache jetzt noch einmal. »Das Tao ist kein Konzept, das nur in deinem Kopf stattfindet. Es geht nicht nur um den Geist, nicht nur um die Seele oder um spirituelle Ideen. Dein Körper ist genauso wichtig. Du musst dich bewegen, mit dem Tao fließen – und was wäre dafür besser geeignet als der Tanz?! Lausche deinem Herzschlag, der großen Trommel in dir, höre auf die Melodien des Windes in deinem Atem … Schau her!«

Der Drache begann, sich hin und her zu wiegen, sein schlangengleicher Körper bewegte sich wie zu einer Musik, die der Wanderer jedoch nicht hören konnte. Der Drache drehte sich und wirbelte herum, schoss zwischen den Bäumen hindurch, schwang sich in die Lüfte, lachte und landete wieder direkt vor dem verblüfften Wanderer.

»Das Tao ist der Klang der Stille, aus dem alle Musik wie von selbst auftaucht. In sich leer und somit voll unendlicher Möglichkeiten der Fülle, liegt es allem zugrunde. Es trägt uns – und wir leben es! Wir können in ihm entspannen, in ihm arbeiten, in ihm lieben und auch in ihm und mit ihm tanzen! Versuch es!«

Der Drache des Holzes stampfte mit den Füßen auf, und es knarrte und dröhnte über die Lichtung. Fauchend schoss der Feuerdrache über den Boden, schwang sich in die Lüfte, umkreiste Bäume, klatschte in seine Pranken, zischelte und zischte. Der Erddrache schob seinen Leib über die Erde, über Baumwurzeln und Moos, über Steine und herabgefallenes Laub und ließ den Boden so vibrieren, dass der Wanderer es in jedem Knochen spüren konnte. Der Metalldrache schaukelte seinen gewaltigen Leib hin und her, ließ seine Schuppen klirren und schwirren wie einen riesigen Schellenkranz. Der Wasserdrache floss durch den Wald und zurück über das Plateau, während eine eigentümliche Melodie von ihm ausging, die wie die Töne eine Bambusflöte direkt das Innerste des Wanderers trafen.

Die Drachen tanzten! Sie tanzten und erzeugten dadurch eine Musik, die durch Mark und Bein ging. Der Rhythmus schien die Bauchdecke des Wanderers in Bewegung zu versetzen, seine Schultern, seine Beine. Chen Lu saß mit schief gelegtem Kopf neben ihm und lauschte aufmerksam.

Zögerlich kam auch der Wanderer in Bewegung. Unsicher begann er, sich hin und her zu wiegen, einen Schritt zu machen, die Arme zu schwingen. Er versuchte, sich zu erinnern, wie man in den Dörfern tanzte, durch die er auf seiner langen Reise gekommen war.

»Tanz, wie wir ihn meinen, ist Bewegung ohne Plan«, rief ihm einer der Drachen zu. »Er ist die Hingabe deines Körpers an das Fließen des Tao. Lass dich tanzen! Lass das Tao dich führen!«

Der Wanderer schloss die Augen, atmete aus und ließ los wie in der Meditation, ließ sich bewegen, gab die Kontrolle ab, wirbelte herum und wurde herumgewirbelt. Es war, als würde sein Körper von selbst tanzen. Etwas zog ihn mit, ließ ihn nicht mehr los.

Er ließ sich immer mehr auf den Rhythmus dieser merkwürdigen Musik ein, die die Drachen mit ihrem Tanz erzeugten. Der Fluss des Tao schien ihn zu ergreifen – und er ließ sich davontreiben.

Die Drachen bewegten sich um ihn herum, ihre Geräusche wurden immer lauter und schneller. Die Zeit floss dahin, hörte auf zu existieren, genauso wie der Wanderer, wie die Drachen, die Hündin, die Lichtung und der Wald. Alles war nur noch Tanz, reine Energie in Bewegung – das Tao, das mit sich selbst tanzte!

Die Elemente, aus denen die Welt laut der chinesischen Tradition bestand, tauchten vor seinem inneren Auge auf: Holz, das durch das Feuer verbrannte und zu Asche wurde, welche die Erde mit Nährstoffen versorgte. Die Erde, die Metalle hervorbrachte, die wiederum das Wasser belebten. Das Wasser, das seinerseits die Bäume nährte und so neues Holz entstehen ließ. Der Wanderer sah diesen Kreis, tanzte in ihm, ging in ihm auf, verstand die Beziehungen der Elemente untereinander, sah das große Rund, das die Welt bildete. Er hörte die Geräusche der Elemente in ihrem unentwegten Kreistanz – das Knacken und Knarzen des Holzes, das Prasseln und Fauchen des Feuers, den dumpf pochenden Klang der Erde, die scharfen, klaren Töne des Metalls, das Plätschern und Fließen des Wassers. Am Rande seines Bewusstseins nahm er noch das Zwitschern der Vögel wahr, das Trompeten der Kraniche hoch über seinem Kopf, den Wind in den Bäumen.

Er hätte nicht vermocht, zu sagen, wann der Tanz endete, aber irgendwann wurde der Rhythmus langsamer, die Geräusche leiser, und die Welt in ihrer natürlichen Schönheit trat wieder in den Vordergrund seines Bewusstseins.

Erschöpft sank er zu Boden, während sich auch die Drachen um ihn herum niederließen.

»Alles ist in einen großen Kreis eingebettet«, sagte der Wasserdrache. »Wasser verdunstet über dem Meer, wird zu Wolken, treibt über das Land und die Berge, regnet ab, versickert im Boden, tritt an einer Quelle wieder zutage, wird zu einem Bach, einem Fluss, der schließlich wieder ins Meer führt. Jeder Augenblick ein neuer

Anfang, jeder Augenblick ein Ende. Was wirklich ist, ist Wandel. Was Bestand hat, sind wechselseitige Beziehungen, ist der Tanz der Welt. Wenn du dich auf diesen Tanz des Lebens einlässt, wirst du genährt. Weigerst du dich, mitzutanzen, wirst du immer mehr an Energie verlieren, wirst starr werden und unbeweglich.«

Der Wanderer lag auf dem Rücken, atmete schwer und schaute glücklich durch die Baumwipfel in den Himmel. Ein tiefes Wohlgefühl durchströmte ihn. Er fühlte sich aufgehoben in diesem großen Kreis des Seins, in dieser Welt des Wandels, in der alles miteinander in Beziehung stand und mit dem Tao floss. Ganz gleich, wo er in Zukunft sein würde, wohin sein Weg ihn auch führen mochte – diesen Kreis würde er nie verlassen, nie verlassen können.

Er setzte sich auf und schaute die Drachen an. »Ich werde tanzen. Tanzen, fließen, mich wandeln, Teil des großen Kreises sein, ins Meer fließen, als Wolke zurück in die Berge kommen und von dort ins Tal tanzen.«

Die Drachen lächelten. Chen Lu bellte zustimmend.

Tanz ist sicherlich eine der ältesten rituellen Formen der Verbindung mit der Welt und dem Göttlichen. Gerade in schamanischen Kulturen wurde und wird der Tanz dazu benutzt, in Trance zu geraten, unser Alltagsbewusstsein hinter sich zu lassen und mit der Geistigen Welt in Kontakt zu kommen. Auch die tänzerische Darstellung von Mythen und Mysterien, meist in Verbindung mit Masken, ist von Nordamerika über die Mongolei und Tibet bis nach Südostasien und Afrika auf der ganzen Welt verbreitet. Und in manchen heutigen schamanischen Traditionen gibt es auch den Krafttiertanz, der uns mit den tierischen Geistführern der Anderswelt verbindet und uns in ihre Kraft eintauchen lässt.

Im Tanz verschafft sich unsere Seele über unseren Körper Ausdruck. Wir geben die bewusste Kontrolle durch unseren Intellekt ab und lassen uns in die Musik, in den Rhythmus fallen. Unser Körper übernimmt die Führung und agiert die Sehnsüchte, die Freude oder den Schmerz unserer Seele aus. Der Filter unseres Verstandes, unsere Selbstzensur fällt weg. Wir sind ganz pur. Ganz wir. Ganz und immer in Verbindung mit allem. Das ist es, was das Tao und die Drachen uns lehren.

Alles auf dieser Welt ist aus den Elementen gemacht, die die Drachen in diesem Fall darstellen. Alles ist aufeinander bezogen, weil in der chinesischen Tradition ein Element die Voraussetzung für das andere schafft und sie sich gegenseitig in einem großen Kreislauf nähren, wie es der Drache erklärt.

Wenn wir uns in diesen Kreislauf einfügen – und ganz sicher ist, dass wir es letztlich gar nicht anders können –, werden wir von der Welt genährt. Die Welt fließt in ihren Elementen durch uns hindurch. Wir stehen mit der Welt in Beziehung und drücken dies durch die Bewegung unseres Körpers aus. Wir werden zum Drachen, der zwischen Himmel und Erde wie von selbst dahinfließt.

ÜBUNG 10: MIT DEN DRACHEN TANZEN

Tanz ist ein wunderbarer Ausdruck von Lebensfreude und Hingabe. Tanz schaltet unseren zensierenden Verstand aus und bringt uns ganz in den Körper. Auch wenn du dich dabei vielleicht komisch fühlst oder unsicher – versuche es einfach!

Beginne mit einer kurzen Achtsamkeitsmeditation auf den Atem und deine Körperempfindungen. Dann stelle die Musik an. Vielleicht hast du ja auch jemanden, der für dich trommelt – das ist natürlich noch besser!

Auf jeden Fall sollte die Musik rhythmisch sein und möglichst instrumental.[16] Gesungene Worte lenken dich möglicherweise nur ab. Sei nicht zimperlich mit der Lautstärke! Deine Nachbarn werden das schon mal verkraften können. Für solch einen Tanz sollte die Musik so laut sein, dass du die tiefen Töne möglichst körperlich spüren kannst.

Beginne dann, dich locker zu bewegen, lass dich nach und nach in die Musik hineinfallen, und bewege dich so, wie deine Intuition es dir eingibt. Kümmere dich nicht darum, was andere von dir denken mögen. Es ist dein Tanz, es ist dein Leben!

16 Wenn du noch keine Musik hast, die für diesen Zweck geeignet ist, möchte ich dich an dieser Stelle auf meine CD *Der Tanz des Drachen* hinweisen, die fünf tanzbare Stücke zu den einzelnen Elementen der chinesischen Tradition enthält. Vielleicht magst du deinen Drachentanz mit dieser Musik verbinden.

Stampfe mit den Füßen auf, drehe dich im Kreis, klatsche in die Hände, hüpfe wie ein Gummiball herum. Mache, was du willst und wobei du dich wohlfühlst!

Tanze wenigstens zehn Minuten lang, besser länger.

Und wenn du den Tanz beendest, lege dich auf den Boden, spüre deiner Atmung nach, sei achtsam, höre deinen Herzschlag, der seine ganz eigene Musik spielt, und sei ganz gegenwärtig.

DER DRACHE DER WEISHEIT

Seit dem Morgengrauen waren Chen Lu und der Wanderer unterwegs, nachdem sie sich von den Drachen der Elemente verabschiedet hatten. Begleitet von leichtem Nieselregen hatten sie einen längst vergessenen Pfad entdeckt, der sie weiter hinauf in die Berge führte und auf dem sie immer wieder an kleinen, eingestürzten Schreinen entlangkamen. Moose und Farn wuchsen auf den verwitterten Steinen, die vielleicht vor Tausenden von Jahren hier aufgestellt und dann vergessen worden waren. Immer höher wand sich der Pfad spiralförmig um den Berg herum. Chen Lu rannte voraus, eilte wieder zurück zum Wanderer, nur um dann sofort wieder mit scheinbar unerschöpflicher Energie voranzupreschen. Im Herzen des Wanderers breitete sich jedes Mal eine wohlige Wärme aus, wenn er die Hündin beobachtete. Noch vor ein paar Wochen war sie ein Häufchen Elend gewesen, doch nun schien sie mit jedem Tag zu einer immer schneller herumtollenden Fellkugel voller Lebensfreude zu werden.

Der Pfad endete auf einer kleinen Lichtung, die übersät war mit graugrünen Steinblöcken und umgestürzten Säulen, zwischen denen Chen Lu nun umherstreunte. Mit viel Fantasie konnte man noch erahnen, dass hier einmal ein größerer Tempel gestanden hatte. Der Wanderer strich über das Moos, das sich über die Stei-

ne und eingravierten Ornamente zog. War das der steinerne Kopf eines Drachen? Oder doch eher das Bildnis eines Ochsen?
Wie die Hündin strich auch der Wanderer umher, sah sich um, bückte sich hier und dort, kauerte sich hin, um einige Steine eingehender zu untersuchen und sich die Reste einst prachtvoller Handwerkskunst genauer anzusehen.
Der Nieselregen hörte endlich auf, doch der Wanderer nahm das kaum wahr, so sehr war er in den Bann dieses uralten Ortes gezogen.
»Willkommen«, sagte da eine warme und volltönende Stimme, die so nah schien, als käme sie aus dem Wanderer selbst. »Willkommen am Berg des goldenen Drachen.«
Der Wanderer drehte sich um die eigene Achse, schaute sich um, konnte aber nichts entdecken. Auch Chen Lu drehte ihre Ohren in alle Richtungen.
Auf den Resten des Tempels waberte plötzlich die Luft, flimmerte, als befänden sich der Wanderer und seine Hündin in der Hitze der Wüste. Immer undeutlicher wurde die Sicht auf die Ruine, bis sich ein riesiger Drache zeigte, der aus purem Gold zu bestehen schien. Alles an ihm, sein Bart, seine Mähne, seine Klauen, sein schuppiger Leib, seine Barteln, die langsam in der Luft tanzten … alles war golden, schimmerte im Licht der Sonne, die nun durch die Wolken schien, und machte den Wanderer mit seinem Glanz sprachlos.
»Ich freue mich so sehr, euch endlich kennenzulernen«, sagte der Drache nun mit einer Freundlichkeit, die den Wanderer tief in seiner Seele berührte. Hätte die Begegnung schon hier ihr Ende gefunden – der Wanderer wäre zufrieden gewesen, diese Stimme nur einmal gehört zu haben.
Auch Chen Lu schien beeindruckt. Sie setzte sich artig neben den Wanderer, legte den Kopf schief und ließ den Blick nicht von

dem goldenen Wesen, das dort vor ihr aufragte. Langsam rollte sich der Drache zusammen, um es sich auf den Resten des alten Tempels gemütlich zu machen.

»Euer Weg war lang«, sagte der Drache. »Setzt euch, und ruht euch aus. Tut einen Augenblick einfach nichts, lasst den Tag für sich selbst sorgen.«

Er lachte. Ein Geräusch, bei dem der Wanderer meinte, sein Herz müsse vor Glück zerspringen. Tränen traten ihm in die Augen. Die Gegenwart des Drachen war fast zu viel für ihn.

»Du wirst dich an mich gewöhnen«, meinte der Drache nun. »Ganz gleich, wie ich aussehe und wie ich auf dich wirken mag. Ich bin einfach ein Freund, nichts weiter.«

Der Wanderer nickte – und Chen Lu entwich ein knatternder Furz, vor dem sie sich selbst erschreckte.

Der Drache lachte dröhnend, und der Wanderer konnte nicht anders, als mitzulachen. Zu lachen und die Tränen der Rührung in Tränen der Freude zu verwandeln.

»Kein falscher Respekt. Deshalb habe ich Hunde schon immer geliebt«, lachte der Drache. »Das ist eines der Dinge, die du hier oben bei mir lernen wirst: Alles ist von Heiligkeit durchdrungen. Und alles ist ganz alltäglich, ganz einfach hier und jetzt. Du musst nichts tun, um etwas heilig zu machen. Und du kannst auch nichts tun, um Heiligkeit zu zerstören. Ehrfürchtige Anbetung und ein Hundefurz – für das Tao ist beides gleich. Letzteres ist nur weitaus lustiger.«

Der Drache lächelte, und dem Wanderer fiel das Lächeln von unzähligen Buddhastatuen ein, die er auf seinem Weg gesehen hatte. Goldene Gesichter, zeitlos und wunderschön.

»Dieser Tempel ist auch nach seiner Zerstörung ein heiliger Ort«, sagte der Drache. »Die Mönche kamen und gingen, Gebete erschollen und verklangen, Steine wurden zu Mauern aufeinan-

dergeschichtet, die wieder zerfielen, doch die Wahrheit ist immer hier, auch wenn sich alles um uns herum wandelt. Vielleicht ist sie auch nur im Wandel … Sicherlich wohnt sie aber im Moos, das auf den Steinen wächst, in den Kräutern, die zwischen den umgefallenen Säulen wachsen. Sie wohnt in der Stille, die die Mönche in ihrer Meditation gesucht haben, und im Ruf der Wildgänse, die über unseren Köpfen dahinziehen. Sie ist genauso in diesem toten Baum wie in dem Gefieder des Goldfasans. Die Welt atmet das Tao, das Tao atmet die Welt. Du, ich und der Hund – wir sind hier. Einfach so. Wir begegnen uns, und das Tao erfährt einen neuen Aspekt seiner selbst durch unser Aufeinandertreffen, durch unser Gespräch, durch unser gemeinsames Schweigen. Dieser Ort der Ruhe wird durch uns neu belebt, doch dadurch in keiner Weise gestört. Zwischen allen unseren Worten ist die Stille des Tao gegenwärtig. Überall ist ganz profane Heiligkeit am Werk. Hier ebenso wie im Nudelrestaurant von Herrn Feng, unten im Dorf, oder auf den Fischerbooten, die heute Abend ausfahren werden, oder an den vielen Orten deiner Heimatstadt, die dir vielleicht laut und unheilig vorkamen, als du dich von dort aus auf den Weg gemacht hast.«

»Werde ich diese Heiligkeit irgendwann immer wahrnehmen können? Kann ich die Welt irgendwann so sehen wie du?«, fragte der Wanderer.

»Immer wenn du liebst, hebt sich der Schleier von deinen Augen. Dann öffnet sich dein Herz, die Welt dringt zu dir durch, wodurch dein Blick noch weiter wird. Wer erst einmal anfängt, zu lieben, wird mehr und mehr ins Tao eintauchen.«

»Chen Lu hilft mir dabei sehr, glaube ich.«

»Oh ja, mehr als du denkst. So viel deines Weges hast du allein zurückgelegt, aber dafür ist der Mensch nicht gemacht. Ihr braucht Gefährten auf dem Weg, andere Wesen, mit denen ihr das Erlebte teilen könnt, die einfach bei euch sind und euch so sein lassen, wie ihr seid. Ein Hund kann das wie kaum ein anderes Wesen.«

»Hört meine Suche hier auf?«, fragte der Wanderer.

»Du suchst nach der Wahrheit, doch die Wahrheit ist wie der Horizont. Du machst Schritte auf ihn zu, doch er entzieht sich immer wieder, er bleibt stets entfernt. Du musst versuchen, die Schritte zu genießen, aus jedem einzelnen von ihnen zu lernen und dir über das Erreichen des Horizonts keine Gedanken mehr zu machen. Dann suchst du nicht mehr, sondern bist einfach! Man kann ein glücklicher Wanderer oder ein getriebener Wanderer sein.«

Der Drache sah ihn aufmerksam an.

»Ich möchte lieber ein glücklicher Wanderer sein!«

»Dann wandere einfach im Tao umher, ohne Ziel, ohne Absicht. Wandere im Tao, und sei das Tao. Tue nichts, und alles wird getan. So hat es schon der alte Meister ausgedrückt. Lass die Dinge sich von selbst entfalten – und wenn eine Handlung erforderlich ist, tue es einfach. Spontan und natürlich. Denke an die Musik, denke an einen Flötenspieler. Die Musik fließt durch ihn hindurch, sie geschieht durch ihn. Er will nichts Schönes erschaffen, will nicht beim Publikum Eindruck schinden, sondern er selbst wird zum Instrument, durch das Schönheit auftauchen kann. Ein wahrer Meister ist der, der die Dinge tut, ohne an ein Ergebnis zu denken. Ein wahrer Meister tut die Dinge um ihrer selbst willen – alles, was sich sonst daraus ergibt, ist zweitrangig.«

»Kann mein Weg so auch zu einem Kunstwerk werden? Etwas, was einfach entsteht und ganz aus sich selbst heraus schön ist?«

»Dein ganzes Leben kann zu einem Kunstwerk werden. Dein spontanes Dahinfließen im Tao ist einzigartig. Entspanne dich, atme ein und aus, lass deinen Geist und dein Herz offen sein, und dein Weg wird sich von selbst entfalten. Jeder Schritt wird so etwas Echtes hervorbringen, weil du ihn nicht machst, um irgendetwas zu erreichen, sondern einfach nur, um diesen Schritt zu tun. Das ist pures Tao in Aktion.«

»In den letzten Wochen scheint mir mein Leben manchmal so leicht wie Atmen zu sein …«

»Ja, so kann man es ausdrücken. Es ist leicht, weil es von selbst geschieht. Keine hochtrabenden Pläne, keine ehrgeizigen Ziele, sondern einfaches Sein im Augenblick.«

»Und manchmal ist es wieder so schwer. Ich sehne mich nach dem Ankommen und vergesse, dass ich schon längst angekommen bin. Ich vergesse den Augenblick und lebe ganz in meinen Gedanken.«

»Und deine Gedanken eilen dir entweder voraus oder befinden sich in ferner Vergangenheit. Aber das ist ganz normal, fast allen Menschen geht es so. Wenn es dir auffällt, dass du so in Gedanken lebst, dann ist das dein Moment des Erwachens. Immer wieder. Sei dankbar für diese Momente, in denen du merkst, wie du vom wirklichen Leben, vom Tao abschweifst. Schenk dir selbst ein Lächeln, nimm einen tiefen Atemzug, und schau dich mit neuen Augen um. Jeder Moment bietet dir diese Gelegenheit. Wie wunderbar!«

»Du sprichst vom Erwachen, als sei das eine Kleinigkeit …«

»Eine Kleinigkeit, ja … nur ein kleiner Augenblick im großen Meer der Zeit. Das Jetzt ist winzig im Vergleich zur Vergangenheit und im Vergleich zur Zukunft, die noch vor uns liegt. Und dennoch ist es alles, was wir haben, ist es die Ewigkeit, die uns geschenkt ist. Du musst das Erwachen nicht zu hoch hängen. Es ist keine mystische Erfahrung, die von Feuerwerk und epischer Musik begleitet wird. Es ist einfach ein Aufwachen aus den Gedanken, die sich um Vergangenes oder Zukünftiges drehen. Es ist ein Aufwachen in den gegenwärtigen Moment hinein. Eben warst du noch weit fort in Gedanken – und plötzlich, JETZT, bist du wahrhaft hier.

Eine Wolke wirft einen wandernden Schatten, eine Amsel singt, ein Frosch hüpft in einen Teich.«
»Dann gibt es auch keinen Weg«, gab der Wanderer zu bedenken.
»Es gibt unendlich viele Wege. Aber keiner dieser Wege hat einen klaren Anfang und ein klares Ziel. Es geht um den Weg selbst und darum, zu verstehen, dass er ein einziges Paradox ist. Weisheit ist, zu wissen, dass dieser Weg niemals endet, dass wir niemals ankommen, dass es immer neue Erfahrungen und immer Neues zu lernen geben wird. Aber wenn wir diesen Weg wirklich beschreiten und uns auf seine Höhen und Tiefen, auf seine Serpentinen und seine schmalen und gefährlichen Abschnitte einlassen, dann kommen wir in jedem Moment an. Dann erwachen wir wieder und wieder und wieder. Wir sind immer genau hier – und machen dann absichtslos einen Schritt in ein weiteres Hier hinein.«
Der Wanderer nickte – und mit dem nächsten Atemzug war sein Kopf völlig leer. Ein goldener Drache saß vor ihm, ein schwarzer Hund neben ihm. Die Luft war kalt und klar, strich durch seine Nase, seinen Hals und seine Brust bis in seinen Bauch. Eine kleine Pause. Absolute Stille. Dann entwich der Atem wieder, und ein neuer Augenblick begann. Ein Ast knackte im Wind, irgendwo rief ein Falke, eine Kralle des Drachen kratzte leicht über einen Stein. Der Hund rollte sich zusammen, schmatzte, schloss die Augen und schlief ein. Und auch der Wanderer legte sich dort, wo er war, auf den Boden und fiel in einen tiefen und traumlosen Schlaf.

Am nächsten Morgen wachte er von einer nassen Hundezunge im Gesicht und dem Lachen des Drachen auf.
»Gut geschlafen?«, fragte die sanfte Stimme. »Ich habe sehr selten gesehen, dass ein Mensch wie ein Hund einschläft, einfach dort, wo er ist, vom Zustand der Aktivität in eine völlige Passivität übergeht. Das war erstaunlich!«

»Deine Worte haben mich … Ich weiß nicht, wie ich es richtig ausdrücken soll … Es war, als hätten mich deine Worte innerlich völlig leer gefegt. Plötzlich war da nur noch mein Atem – und darin die ganze Welt. Alles war an seinem Platz, und ich konnte alles sehen, alles hören, riechen, schmecken, fühlen und erahnen. Dann war da Müdigkeit, und ich schlief ein, einfach so.«

»Einfach so. So leicht wie atmen«, schmunzelte der Drache. »So wie dein Einschlafen können auch viele andere Dinge in deinem Leben einfach geschehen. Ohne Plan, ganz der Natur des Tao folgend. Du zimmerst einen Tisch und folgst der natürlichen Maserung des Holzes bei der Bearbeitung, gehst ganz in deinem Tun auf – und plötzlich ist der Tisch fertig. Du hast Hunger und isst etwas, bis du gesättigt bist. Du bist müde und schläfst, bis du wieder aufwachst. Die Natur schenkt uns so viele Beispiele – und wer wahrhaft weise ist, der lernt durch die Beobachtung der Natur, durch das Erkennen von Rhythmen und Zyklen. Es gibt Zeiten des Handelns und Zeiten der Ruhe. Zeiten, die man auf dem Marktplatz verbringt, und Zeiten, in denen man sich zurückzieht.«

»Aber ich kann doch nicht immer nur meinem Gefühl folgen und tun und lassen, was ich will. Es gibt im Leben doch auch Verpflichtungen!«

»Sicher gibt es die. Und wenn du eine Verpflichtung eingegangen bist – wenn du zum Fischen hinausfährst, um deine Familie zu ernähren, oder bei der Reisernte hilfst –, dann ist diese Verpflichtung das, was das Tao dir in diesem Augenblick präsentiert. Es steht jetzt an, und du tust es, ohne dich zu beklagen oder es dir anders zu wünschen. Du handelst dem Augenblick entsprechend und kannst in jeder Tätigkeit Freude finden, da du Ja zu ihr, Ja zum Fluss des Tao sagst. Aber natürlich solltest du darauf achten, welche Verpflichtungen du eingehst und aus welchen Gründen du dies tust. Willst du deine Familie ernähren und sie glücklich sehen? Oder möchtest du viel mehr Fische fangen, als ihr jemals essen könnt, um sie zu verkaufen und mit dem Geld einen Palast zu bauen, auf den jeder im Dorf neidisch ist? Wenn du Letzteres willst, wird dir deine Tätigkeit keine Freude bringen, denn du beschmutzt deine Arbeit mit Gier. Außerdem wirst du eine tief sitzende Angst entwickeln, all das sauer erwirtschaftete Hab und Gut wieder zu verlieren. Wenn du hingegen das tust, was wahrlich nötig ist, wirst du stets in Fülle leben, denn wenn die Gier nicht deine Tür versperrt, kann das Glück eintreten und sich an dein Herdfeuer setzen. Weisheit bedeutet, zu atmen, zu sein, den Augenblick wahrzunehmen, zu tun, was nötig ist, und dem Fluss des Tao nicht im Weg zu stehen.«

Schon im ersten Vers des Tao Te King heißt es: »Frei von Begierde, erkennst du klar das Geheimnis. In Begierde verstrickt, siehst du nur die Erscheinungsformen.«

Wenn wir von unserer eigenen Gier nach einem bestimmten Ergebnis Abstand nehmen können, gelingt es uns, tiefer zu schauen und das Tao in allem zu entdecken. Wenn wir dagegen von Gier getrieben sind, bleiben wir an der Oberfläche, sehen nur die Nutzbarkeit von Dingen und missachten ihre natürliche Schönheit und ihren wahren Wert.

Weisheit in diesem Sinne bedeutet nicht, dass wir unserem Sein etwas hinzufügen, sondern, dass wir etwas loslassen. Wir verabschieden uns von der Sichtweise, alles in der Welt auf uns zu beziehen und unter dem Aspekt zu betrachten, wie wir den größtmöglichen Vorteil aus den gegebenen Ereignissen ziehen können.

Wir lassen das Ergebnis los, erhoffen und erwarten nichts, sondern gehen in unserem spontanen Tun auf. Der chinesische Begriff für ein derartiges Handeln lautet *wu wei* und bedeutet wörtlich »Nicht-Handeln«, was natürlich zu allerlei Missverständnissen führen kann. Um es ganz deutlich zu machen: Es geht hier nicht darum, den Rest seines Lebens faul auf dem Sofa herumzuliegen und langsam Schimmel anzusetzen. Der taoistische Weise, der das Prinzip des *wu wei* verinnerlicht hat, handelt sehr wohl. Aber sein Handeln ist frei von der Gier nach einem bestimmten Ergebnis, vom Heischen nach Aufmerksamkeit und Anerkennung, frei von der Sucht nach Erfolg. Anders gesagt: Er handelt aus seiner Mitte und nicht aus einem Mangel heraus.

So begegnete der Wanderer dem ersten Drachen erst, als er aufhörte, nach ihnen zu suchen, nach ihnen zu gieren. Und Tschuang-tses Rezept für das Glücklichsein klingt ähnlich: »Man kann das Glück erst finden, wenn man aufhört, nach ihm zu suchen oder ihm nachzujagen. Mein größtes Glück besteht gerade darin, dass ich nichts tue, was das Glück erzwingen soll.«[17] Und weiter: »Der Himmel tut nichts. Sein Nicht-Tun ist seine Heiterkeit. Die Erde tut nichts. Ihr Nicht-Tun ist ihr Friede.«[18]

Laotse sagt zu diesem Thema: »Daher handelt der Meister, ohne irgendetwas zu tun, und lehrt, ohne irgendetwas zu sagen. Die Dinge erscheinen, und er lässt sie kommen; die Dinge verschwinden, und er lässt sie gehen. Er hat, besitzt aber nicht, handelt, erwartet aber nicht. Wenn sein Werk getan ist, vergisst er es. Ebendarum währt es ewig.« (Vers 2)

Sein Werk zu vergessen heißt einfach, seine Arbeit so gut wie nur irgend möglich zu tun und das Werk dann an die Welt zurückzugeben, woher es auch ursprünglich kommt. Es ist die hohe Kunst des Schaffens, des Loslassens, des Schenkens und des Dankbarseins. Wer in dieser Weise in der Welt tätig ist, versteht den tieferen Sinn von Khalil Gibrans Worten: »Arbeit ist sichtbar gemachte Liebe.«[19]

Wu wei wird auch die Kunst des Nicht-Eingreifens genannt und bezieht sich natürlich auf mehr als nur den Bereich der Arbeit. Es ist ein Prinzip, das zum Beispiel auch in Erziehungsfragen zum Tragen kommt und Eltern rät, ihre Kinder zu lieben, für sie da zu

17 zitiert nach: Thomas Merton: *Sinfonie für einen Seevogel*, S. 78
18 ebd., S. 79
19 Khalil Gibran: *Der Prophet*, S. 31

sein und ihnen ihren Weg zu lassen, anstatt sie in ein bestimmtes Ideal hineinpressen zu wollen. Nicht einzugreifen bedeutet hier, den natürlichen Lauf der Dinge nicht verbessern zu wollen.[20] Wenn wir meinen, wir wüssten es besser, machen wir aus einem möglicherweise fantastischen Gitarristen nur einen mittelmäßigen und vor allem unglücklichen Anwalt.

Nicht eingreifen, nicht handeln klingt sehr passiv, doch manchmal ist es einfach das Beste, was wir tun können. In meiner Kindheit gab es in einem großen Park in der Nähe des Wohngebietes, in dem ich aufwuchs, einen schönen, gewundenen Bach, der dann irgendwann von der Stadtverwaltung begradigt wurde. Ich glaube, niemand weiß mehr, warum den Verantwortlichen ein schnurgerader Bach sinnvoller erschien als ein natürlich gewundener, aber das Ergebnis war letztlich, dass das ökologische Gleichgewicht durch das betonierte Ufer nicht gerade gefördert wurde und der Bach als Lebenssystem langsam abstarb. Mit großem Aufwand wurde der Bach dann Jahre später re-naturiert und in seine ursprüngliche Form zurückgebracht. Insgesamt ist diese kleine Geschichte ein gutes Beispiel für eine bestimmte Form von Irrsinn, die das Gegenteil von *wu wei* darstellt. Weise Menschen hätten den Bach von vornherein so belassen, wie er geschaffen war, und ihn nicht mit der Absicht, die Natur zu verbessern, in eine neue Form gepresst. Genauso pressen weise Menschen weder Kinder in eine Form noch ihren Partner oder ihr Talent oder ihre Freude. *Wu wei* lässt die Dinge sich ihrer Natur gemäß entwickeln. *Wu wei* lässt Raum, in dem die Welt sein kann, wie sie ist. Ein Ort voller Schönheit, voller Wandel, voller Beziehungen. Die Weisheit der Natur entfaltet sich auch ohne unsere Hilfe. Wenn

20 Ich kann hier allen Eltern nur das großartige Buch *Das Tao Te King für Eltern* von William Martin ans Herz legen (siehe Literaturverzeichnis).

man den Dingen ihren Lauf lässt, wissen sie meist sehr genau, was zu tun ist.

Wenn wir diese innere Realität der Welt erblicken – die Schönheit, die natürliche Ordnung und die Verbindung, die alles miteinander hat –, wachsen unsere Weisheit und unser Mitgefühl. Unser Herz öffnet sich noch weiter für die Welt, und spontanes, liebevolles Handeln, welches das Tao und die Heiligkeit und Vollkommenheit eines jeden Lebens achtet, wird durch uns möglich.

In der nächsten Übung verbinden wir uns bewusst mit dem Herzschlag des Drachen, der uns unsere Verbindung zum Rhythmus der Welt und zum Lied des Tao aufzeigt und uns sanft darin ruhen lässt.

ÜBUNG 11:
EIN HERZ, SO WEIT WIE DIE WELT

Setze oder lege dich auf den Boden, mache es dir bequem, und schließe deine Augen. Bring deinen Körper in eine entspannte Position, in der du dich wohlfühlst und in der du die Stille des Tao achtsam genießen kannst.

Spüre, wie die Erde dich trägt und wie sich über dir die Weite des Himmels aufspannt.

Werde dir deines Atems bewusst, sei ganz in deinem Atem gegenwärtig.
Beobachte, wie dein Atem von selbst kommt und geht, ohne dass du dafür etwas tun musst.
Dein Gesicht entspannt sich, deine Schultern, dein Rücken, deine Arme und Beine … Spüre, wie der Atem deine Brust und deinen Bauch hebt und senkt – und wie mit jedem Atemzug alles Schwere von dir abfällt.

Atme Leichtigkeit in deinen Körper hinein. Gib dich ganz dem gegenwärtigen Moment hin.

Vor deinem inneren Auge entsteht nun eine Landschaft, in der du dich ganz zu Hause fühlst. Schaue dich um … Sieh dir alles in Ruhe an … Dies ist dein Platz, dies ist der Ort, der dich willkommen heißt.

Alles, was du siehst, alles, was du wahrnimmst, ist Teil des EINEN Lebens, Teil der Welt und Teil deiner Seele. Du bist Teil dieser Landschaft, und die Landschaft ist ein Teil von dir.

Langsam setzt du einen Fuß vor den anderen, bewegst dich in dieser Welt, erkundest sie. Du wanderst in deinem grenzenlosen Zuhause umher.

Nach einer Weile kommst du an einen grünen Hügel, der eine starke Anziehungskraft auf dich ausübt. Er ist sanft geschwungen, mit Gras und Moos bewachsen und strahlt eine warme Lebendigkeit aus.

Plötzlich scheint der Hügel in Bewegung zu geraten. Du siehst, wie er sich dreht und wendet, wie plötzlich ein großer Kopf auftaucht, eine wallende Mähne und ein ebensolcher Bart, Hörner, Klauen und ein langer, gewundener Leib …

Ein Drache liegt vor dir und schaut dich freundlich an.
Er ist Teil dieser Welt wie du. Er ist Teil deiner Erfahrung, Teil deines Innersten.

Mit seiner sanften Stimme wendet sich der Drache an dich:
»Ein weites Herz kann die ganze Welt umfassen. Es begegnet den Menschen, den Tieren und den Pflanzen, den Bergen und Flüssen, den weiten Steppen und dem tiefen Meer mit Offenheit und Wohlwollen. Es fühlt sich überall zu Hause, kann die Schönheit wahrnehmen, das Wunder des Augenblicks.
Lausche dem Rhythmus meines Herzens, und entdecke den Rhythmus der Welt. Öffne dich. Sei ganz im Einklang, und

begegne der Welt, als würdest du sie zum allerersten Mal sehen.«
Du hörst nun immer deutlicher den Herzschlag des Drachen, den Herzschlag der Welt.

Du spürst, wie du immer ruhiger wirst, immer gelassener. Du merkst, wie du innerlich weiter wirst, offener. Wie dein Herz bereit wird, die Welt ganz neu zu sehen.

Immer mehr kommst du in Einklang mit dieser Welt, mit deinem Zuhause, das du dir mit so vielen wunderbaren Wesen teilst. Menschen, die du liebst; Menschen, die du magst; Menschen, die du kaum kennst; Menschen, die dir manchmal Schwierigkeiten bereiten. Sie alle sind hier zu Hause. Sie alle sind mit dieser Welt und mit dir verbunden.

Tiere, deren Schönheit und Anmut dich tief berühren; Tiere, denen du gern nah sein möchtest; Tiere, die dir eher unangenehm sind. Sie alle sind hier zu Hause. Sie alle sind mit dieser Welt und mit dir verbunden.

Riesige Bäume und das bescheidene Gras; Pflanzen, die dich heilen; Pflanzen, die dir Nahrung schenken. Sie alle sind hier zu Hause. Sie alle sind mit dieser Welt und mit dir verbunden.

Berge so hoch, dass ihre Gipfel immer von Schnee bedeckt sind, Meere so tief, dass noch kein Mensch sie erforschen konnte; Landschaften, die dein Auge und dein Herz erfreuen; Dörfer und geschäftige Städte. Sie alle haben hier ihren Platz. Sie alle sind mit dieser Welt und mit dir verbunden.

Du spürst, wie dein Herz weiter wird, sodass alles, was diese Welt ausmacht, in dir seinen Platz findet.
Langsam wird der Herzschlag des Drachen leiser. Du siehst ihn vor dir: dieses große, grüne Wesen, freundlich und weise. Sein Lächeln lässt dich deine Verbundenheit mit der Welt noch einmal tiefer spüren.

»Keine Trennung«, sagt er. »Dieser Moment, du, die Welt, alles ist im Tao aufgehoben. Alles ist Teil des Weges.«

Nun wird es Zeit, dich zu verabschieden. Verbeuge dich vor dem Drachen, und bedanke dich. Sage ihm Lebewohl, und vertraue darauf, dass du ihn wiedersehen wirst.

Der Drache rollt sich zusammen, wird wieder zu dem grünen Hügel, wird Teil der Landschaft deiner Seele.

Du atmest ein, atmest aus …

Öffne nun langsam deine Augen. Angekommen im Augenblick, mit einem weiten und offenen Herzen, begegnest du deiner Welt.
Möge dein Leben im Fluss sein, möge dein Leben dich mit tiefer Zufriedenheit beschenken.

Wenn du gespürt hast, wie sehr dein Herzschlag mit dem Herzschlag der Welt in Einklang ist, kannst du auch folgende Übung ausprobieren, die dich deine Umgebung und auch deinen Platz darin mit anderen Augen wahrnehmen lässt.

ÜBUNG 12: HEITERE GELASSENHEIT ENTWICKELN

Probiere einmal, deine Achtsamkeitsmeditation an einem schönen Platz in der Natur zu machen, von dem aus du eine weite Aussicht genießen kannst. Schließe deine Augen diesmal nicht in der Meditation – das wäre nun wirklich zu schade –, sondern lass deinen Blick schweifen. Lass deine Augen ziellos wandern, und achte währenddessen weiter auf deinen Atem. Spüre, wie der weite Blick dich auch innerlich weitet und wie ganz von selbst ein kleines, leises Lächeln in deinem Gesicht auftaucht.

LEBEN WIE EIN DRACHE: UNSEREN PLATZ EINNEHMEN

Die Tage gingen ins Land, es wurde kälter und kälter, und der Wanderer war froh über die dicken Sachen, die Baihu ihm überlassen hatte, und über das Feuer, das er in einem Teil der Tempelruine entzünden konnte, der noch ein Dach hatte. Er hörte dem goldenen Drachen zu, stellte seine Fragen, lauschte, schwieg mit dem Drachen. Sie meditierten gemeinsam, während Chen Lu entweder auf Futtersuche war oder sich an den Wanderer kuschelte und ein Nickerchen machte.

Eines Morgens saßen sie vor der Höhle und öffneten gerade ihre Augen nach der Meditation, als es zu schneien begann. Einzelne dicke Flocken segelten sanft auf die Erde herab, und dem Wanderer war, als würde er aus weiter Ferne, vielleicht aus dem Dorf im Tal, eine leise Flötenmelodie vernehmen.

Die Töne schwebten heran, ließen sich auf den weißen Flocken nieder und legten sich scheinbar zaghaft auf den Wanderer, den Drachen und die Hündin.

»Vollkommen!«, sagte der Drache.

Der Wanderer sah und hörte. Stille legte sich auf sein Gemüt, die durch die vereinzelten Töne der Flöte nicht gestört, sondern vielmehr noch vertieft wurde.

Alles war einfach da, spielte miteinander und erschuf ein Wunder, das einen zeitlosen Augenblick dauerte. Sie saßen dort gemeinsam, bis um sie herum eine dünne Schneedecke entstanden war und sich die letzten Töne der Flöte im Wind verloren. Sie gingen zurück in die Höhle und ließen sich am Feuer nieder.

»Was gibt es zu tun, wenn man das gesehen hat? Wenn die Vollkommenheit des Moments das eigene Innere so durchdrungen hat?«, fragte der Wanderer.

»All das, was es vorher auch zu tun gab. Holz hacken, Wasser holen, die dreckige Wäsche waschen, den Kindern die Nase putzen, das Dach reparieren, mit Freunden eine warme Mahlzeit teilen. Die einzelne Schneeflocke ist vollkommen, doch gemeinsam mit ihren Brüdern und Schwestern bildet sie auf der Erde eine weitere Vollkommenheit. Eine weiße Decke aus vielen Einzelnen, die zusammen etwas ganz Neues entstehen lassen. Bald wird es auch für dich Zeit, wieder zur Gemeinschaft der Menschen zurückzukehren, dich auf den Heimweg zu machen.«

»Ja, ich weiß. Und obwohl ein Teil von mir einfach hier in diesen Bergen bleiben möchte, glaube ich, dass es das Richtige ist, nach Hause zurückzukehren.«

»Es gibt viele Menschen, die auf einen Berg steigen und hoffen, dort Antworten auf ihre Fragen zu finden. Sie hoffen auf Weisheit und darauf, dass diese ihnen unwiderruflich zuteilwerden wird, dass sie sie besitzen werden. Viele bleiben dann dort oben, meinen, ihre Antworten gefunden zu haben – und richten sich dort häuslich ein. Weil ihre vermeintliche Weisheit so unantastbar ist, wollen sie nichts mehr mit der Welt zu tun haben.

Derjenige, der wirklich Weisheit erlangt, kehrt mit einem Lächeln in sein Dorf zurück. Zurück zu seiner Arbeit, seiner Familie. Dort in seinem Alltag beweist sich die Weisheit, nicht in einem einsamen

Schloss in den Wolken, weit weg vom richtigen Leben. Wir beide wissen, dass du nicht zu der ersten Sorte der Sucher gehörst, dass dein Platz woanders ist.«

»Werde ich diesen Platz erkennen, wenn ich ihn sehe?«

»Das wirst du. Unser Herz erkennt den Platz, an den es gehört, mit großer Leichtigkeit. Vielleicht wirst du weiter üben müssen, auf dein Herz zu horchen, es nicht zu übergehen. Aber der Platz wird dich laut genug rufen, wenn du ihn siehst. Du wirst eine Wärme spüren, die über die Lichter hinter den Fenstern hinausgeht, die mehr im Lächeln deines Herzens liegt, wenn du über die Straßen eines Dorfes gehst, wenn du die Menschen betrachtest, die Wasser am Brunnen holen oder ihre selbst geflochtenen Körbe auf dem Markt feilbieten. Du wirst spüren, dass die Kinder des Ortes vielleicht jemanden brauchen, der ihre Spielsachen repariert, oder dass die Häuser neue Schindeln vertragen könnten und dass die Klotzhacke, die man dafür benötigt, gut in deiner Hand liegt. Vielleicht ist es aber auch eine Frau, deren Liebe dich auf deinen Platz einlädt.«

»Aber gehört nicht noch mehr dazu, als den Platz nur zu finden?«

»Oh ja. Du musst ihn einnehmen, dich ganz bewusst und voller Würde dort niederlassen. Du musst den Platz deines Lebens einnehmen, wie du den Sitzplatz für deine Meditation einnimmst. Als ganzer Mensch, dir deines Wertes genauso bewusst wie deiner Unzulänglichkeiten. Wie du dich auf dein Kissen setzt, aufrecht, ganz gegenwärtig, ganz in deiner Kraft und dennoch ohne falschen Stolz, so nimmst du auch deinen Platz im Leben ein. Ehrlich, authentisch und in dir ruhend. Wo auch immer dein Platz sein wird, dort vereinst du Himmel und Erde in dir und bist ein lebendiger Ausdruck des Tao. Wie ein Drache bist du ganz da, wo du hingehörst.«

»Ich werde dich und die anderen Drachen vermissen ...«
»Unsere Kraft ist immer bei dir. Wir sind Wesen aus Himmel und Erde – und Himmel und Erde sind dir immer nah. Wir werden noch ein paar Tage eine bestimmte Meditation zusammen machen, bevor du aufbrichst. Mit ihr wirst du dich immer an uns erinnern, und sie wird dir immer Kraft schenken.«

In den nächsten Tagen meditierten sie viel, und der Drache zeigte dem Wanderer, wie er in der Meditation die Kräfte von Himmel und Erde spüren und in sich vereinigen konnte. In seiner Mitte fühlte der Wanderer eine große Wärme, die er sich als goldenes Licht vorstellte. So golden wie der große Drache, der ihm gegenübersaß und der ein so wichtiger Teil seines Lebens geworden war.
Das Wetter blieb kalt, aber der Schnee fiel nur mäßig und hinterließ nur eine dünne Schneedecke, über die man gut zu Fuß reisen konnte.
»Es wird auch weiterhin eher mild bleiben«, meinte der Drache eines Morgens, als die Sonne gerade im Osten aufging. »Du kannst dich ohne Gefahr auf den Weg machen.«
Und so schnürte der Wanderer sein Bündel, hüllte sich in die dicken Sachen von Baihu und machte sich zum Aufbruch bereit. Er wusste, dass er für diesen Abschied niemals die richtigen Worte finden würde – und genauso wusste er, dass der Drache dies wusste und zufrieden damit war. So schwieg er, legte dem Drachen seine Hand auf eine Pranke, verbeugte sich und sah dem goldenen, weisen Wesen ein letztes Mal in die Augen. Dann drehte er sich um, verließ die Höhle und machte sich, gefolgt von Chen Lu, auf den Heimweg.

Wo ist unser Platz? Wo werden wir gebraucht? Wo können unsere Talente hilfreich und heilsam sein? An welchem Ort entsteht in uns ein Lächeln, wenn wir uns umschauen? Welche Personen sind dort bei uns, und was empfinden wir in ihrer Nähe? Wo sind unsere Wurzeln? Oder wo können wir neue Wurzeln schlagen?

All diese Fragen verweisen auf unser Zuhause.

Und oft erscheint es, als würden nicht wir entscheiden, wo dieser Ort ist. Das Tao spült uns an eine Küste, an der Menschen warten, die genau die Liebe brauchen, die wir geben können. Wir kommen in ein Land, dessen Berge und Täler unser Herz willkommen heißen, wo wir plötzlich spüren, dass wir ein Teil dieser Erde zu unseren Füßen sind.

Manchmal überrascht uns das Tao auch und fordert uns heraus. Wir sind vielleicht erfolgreich in einem bestimmten Beruf, den wir jedoch nur gewählt haben, weil das Finanzielle uns Befriedigung versprach, der uns in Wirklichkeit aber seit Jahren unzufrieden macht. Viel lieber würden wir vielleicht unserer Freude aus Kindertagen folgen, als wir stundenlang mit Tieren spielten und uns liebevoll um sie kümmerten. Und plötzlich taucht die unfassbar schlecht bezahlte Stelle in einem Tierheim auf – und wir wissen trotz aller Widrigkeiten, trotz aller Unkenrufe aus Familie und Bekanntenkreis: Das ist unser Ort!

Unseren Platz einzunehmen heißt aber nicht nur, den Ort zu finden, an dem wir Weisheit und Mitgefühl in die Welt bringen können, sondern auch unsere Natur als Mensch und als Person anzuerkennen. Was nährt uns, unseren Körper, unseren Geist und unsere Seele? Wann ist es für uns Zeit, zu handeln, wann brauchen wir eher Ruhe und sollten uns zurückhalten? Oftmals zwingen wir uns selbst in etwas hinein, was uns nicht guttut. Wir folgen nicht dem Tao und unserer Natur, sondern richten uns nach ganz anderen Maßstäben.

So scheint der Mensch das einzige Tier zu sein, das auch im tiefsten Winter genauso aktiv ist wie im Frühjahr oder Sommer. Das ist nicht so, weil es unserer Natur entspricht, sondern weil wir unsere Gesellschaft so strukturiert haben, dass sie möglichst effektiv und produktiv ist. Wenn die Tage kürzer werden, sollte auch unsere aktive Zeit kürzer werden, denn sonst gehen wir im Dunkeln zur Arbeit, kehren im Dunkeln heim und verpassen den Anblick des glitzernden Schnees im Sonnenschein. Und das ist nur ein kleines Beispiel, wie wir uns immer mehr verdrehen, um etwas zu erreichen, was wir im Grunde unseres Herzens gar nicht wollen und was wir vor allem auch gar nicht nötig haben.

Und letztlich können wir unseren Platz nur wirklich einnehmen, wenn wir von unserem grundsätzlichen Gutsein und unserer natürlichen Würde überzeugt sind. Wir sind als Menschen nicht mehr wert als andere Lebewesen, aber auch nicht weniger. Oft hört man heutzutage von radikalen Naturschützern die Überzeugung, dass, wenn die Menschheit erst einmal gründlich dezimiert oder besser noch völlig verschwunden sei, alles gut werden würde. Diese Einstellung, die nebenbei bemerkt auch einen großen Selbsthass offenbart, vergisst aber die schlichte Tatsache, dass auch der Mensch Teil der Natur ist und genauso wie Zebra, Pinguin und Co. in diese Welt gehört. Die Bezeichnung »Naturschützer« verdienen solche Menschen also nicht unbedingt.

Der Mensch bringt Dinge in die Welt, die offenbar nur er in dieser Form vollbringen kann: Kunst, Musik, Literatur, Poesie, Kultur, Schriftsprache, Religionen und vielleicht auch ein Bewusstsein für das große Ganze, für die kosmischen Bezüge.

Natürlich sind wir auf vielen Ebenen noch eine äußerst unreife Spezies, und wir täten gut daran, uns um die Wiedergewinnung eines globalen Gleichgewichts zu kümmern (auch hier zuweilen mit der Philosophie des *wu wei*, indem wir zum Beispiel den Regenwald einfach in Ruhe lassen). Aber dennoch ist diese Welt unser Platz.

Wenn wir uns unserer Würde nicht wirklich bewusst sind, dann behandeln wir uns selbst auch oft würdelos, was Konsequenzen in vielen Bereichen nach sich zieht. Wer sich selbst nicht achtet, neigt dazu, seinem Körper Müll statt Nahrung zuzuführen. Wir sind es uns selbst nicht wert, für uns etwas Gutes und Gesundes zu kochen, kaufen stattdessen abgepackten Fraß, für dessen Herstellung unsere Lebensgrundlagen zerstört werden.

Wer sich selbst nicht liebt und sein Leben als Katastrophe empfindet, projiziert seinen Missmut oft nach außen und wird für seine Mitmenschen zu einer echten Herausforderung. So, wie ein in einen See geworfener Stein konzentrische Wellen erzeugt, zieht auch unsere schlechte Laune weite Kreise und kommt vielleicht letztlich bei dem Kind der Supermarktkassiererin an, die wir ohne Grund schlecht behandelt haben.

Weil wir uns selbst egal sind, ist uns auch der Zustand der Welt egal, und wir verhalten uns dementsprechend rücksichtslos und wenig nachhaltig.

Das Wissen um unsere Würde ist darum ein wichtiger Bestandteil unserer Weisheit, mit deren Hilfe wir uns in der Welt bewegen und unseren Platz einnehmen. Wie der Drache sagt: »Du musst den Platz deines Lebens einnehmen, wie du den Sitzplatz für deine Meditation einnimmst.«

Wir begeben uns zu unserem Platz und lassen uns würdevoll nieder. Wir sitzen aufrecht da, ohne uns zu verkrampfen. Unsere Augen sind klar, unser Herz offen. Wir verschließen uns nicht vor der Welt, wir wenden uns nicht ab. Unsere Hände sind ruhig und beschäftigen sich nicht sinnlos mit irgendeiner Zerstreuung – sie sind bereit, im richtigen Moment das Nötige zu tun und dann wieder loszulassen. Wir sitzen und leben wie ein wahrer König oder eine wahre Königin – nicht, um zu herrschen, sondern um zu dienen, wenn es erforderlich ist. Wir sitzen in einem natürlichen inneren und äußeren Gleichgewicht, befinden uns zwischen Himmel und Erde, vereinen die Kräfte beider Sphären in uns und bringen so ein kleines bisschen mehr Ausgewogenheit in die Welt. Wir sitzen in unserer Meditation als ganzer Mensch: anwesend, präsent, weit und würdevoll. Und wir erheben uns als menschlicher Drache: voller Kraft und durchdrungen von Weisheit und Mitgefühl, die diese Kraft gemäß dem Tao lenken.

ÜBUNG 13: DIE KRAFT DES DRACHEN IN DIR ERWECKEN

Um die Kraft des Drachen in dir zu erwecken, wähle einen Platz, an dem du dich wohlfühlst, und eine Körperhaltung, die dir angenehm ist. Du kannst auf einem Stuhl sitzen oder auch ein Meditationskissen oder ein Meditationsbänkchen benutzen. Versuche, möglichst aufrecht zu sitzen, ohne dich dabei zu versteifen. Die Wirbelsäule ist aufrecht und folgt dennoch ihrer natürlichen Krümmung.

Schultern und Nacken sind entspannt, der Kopf ist leicht nach vorn geneigt.
Die Hände kannst du in den Schoß legen oder auf deine Knie.

Schließe nun sanft deine Augen, und atme ein paar Mal tief durch, ganz langsam und bewusst. Genieße deinen Atem, genieße die Zeit und die Ruhe, die du dafür hast.

Atme nun ganz entspannt weiter, und spüre in deinen Körper hinein. Entspanne nacheinander deine Füße, deine Beine, dein Becken, deinen Bauch und deine Brust. Entspanne deinen Rücken, deine Schultern und Arme, deinen Nacken, deinen Kopf und auch dein Gesicht. Lass alle Anspannung los.

Lass nun auch alle Anspannung in deinem Atem los.

Lass deinen Atem einfach kommen und gehen, jeder Atemzug einzigartig, jeder Moment neu und unverbraucht.

Vor deinem inneren Auge entsteht nun eine Landschaft, deren Anblick dein Herz erfüllt. Es ist dein Platz, dein Ort, der dich willkommen heißt.

Alles, was du siehst, alles, was du wahrnimmst, was du vielleicht auch riechst, hörst oder fühlst, hat genau wie du seinen Ursprung im grenzenlosen Tao.

Langsam setzt du einen Fuß vor den anderen, bewegst dich in dieser Welt, erkundest das Wunder dieses Augenblicks.

Nach einer Weile schaust du instinktiv nach oben und siehst einen Punkt am Himmel, der rasch größer wird.
Dann erkennst du einen Drachen, der durch die Lüfte fliegt und sich dabei wie eine große Schlange windet. Alles sieht so leicht aus, so natürlich und ohne jede Anstrengung. Es scheint, als fließe der Drache durch die Luft.

Dann landet der Drache direkt vor dir. Seine riesigen Klauen setzen ganz sanft auf dem Boden auf, und du kannst ihn nun eingehender betrachten, entdeckst Einzelheiten an seinem Körper, kannst die Farbschattierungen seiner Schuppen unterscheiden, seine Mähne und seinen Bart sehen, die Farbe seiner Augen erkennen.

»Die Erde heißt mich willkommen, wenn ich lande«, sagt er mit einer angenehmen Stimme, die dein Innerstes berührt. »Ich fließe durch die Luft, bewege mich in diesem großen

Blau, fliege in die Wolken, bringe fruchtbaren Regen und bin ganz Himmel. Dann lande ich, berühre den Boden, fühle das Gras und die Steine, spüre die Wärme und die Kraft, werde getragen und bin ganz Erde. Daher kommt meine Stärke, daher kommt mein Leben.
Und auch wenn du nicht fliegen kannst, so bist du dennoch genau wie ich ein Geschöpf, das Himmel und Erde vereint. Die Kraft der Erde und die Kraft des Himmels treffen sich in deiner Mitte. Setz dich zu mir, und lass uns dieses Wunder gemeinsam erfahren.«

Du setzt dich nun dem Drachen gegenüber auf die Erde. Du bist seines ruhigen Atems, seines ruhigen Wesens und seiner kraftvollen Ausstrahlung gewahr. Mit ihm gemeinsam zu meditieren, zeigt dir ganz neue Ebenen deiner Verbindung mit der Welt, die dich umgibt.

Du spürst die Erde unter dir ruhen, ihre Kraft, die dich trägt. Du spürst die Wärme, mit der sie dich umsorgt, die Fürsorge, die sie jedem Wesen zuteilwerden lässt, ihre Fruchtbarkeit, die alles hervorgebracht hat. Die Verlässlichkeit, die sie dir jeden Tag zeigt.

Du spürst diese uralte Kraft aufsteigen. Du fühlst sie in deinen Füßen, deinen Beinen und in deinem Becken. Du spürst die Kraft, die sich in deinem Bauch sammelt, in deiner Mitte gleich unterhalb deines Nabels.
Du spürst, wie die Kraft deines Zuhauses dich erfüllt, die uralte Verbindung, die zwischen dir und der Erde besteht.
Du spürst die Weite des Himmels über dir, die Klarheit und Offenheit, die sich über dir ausspannen. Du spürst, wie du

behütet bist, wie jedes Lebewesen unter dem Himmel behütet ist.

Du spürst diese Kraft, die sanft deinen Kopf berührt, ihn mit Leichtigkeit und Freude erfüllt. Du spürst, wie diese Kraft dich weiter durchdringt, sich in deinen Schultern und Armen ausbreitet, in deinem Rücken, in deiner Brust und in deinem Herz. Du spürst, wie sich diese Kraft in deinem Bauch sammelt, in deiner Mitte gleich unterhalb deines Nabels.
Du spürst, wie die Kraft deines Zuhauses dich erfüllt, die uralte Verbindung, die zwischen dir und dem Himmel besteht.

In deiner Mitte vereinen sich die Kräfte von Himmel und Erde.
Die Leichtigkeit, die Offenheit, die Klarheit, die Weite und Freude.

Die Verlässlichkeit, die Wärme, die Fruchtbarkeit, das Getragen-Sein.

All das ist in deiner Mitte gegenwärtig und schenkt dir die Kraft, die aus ihrer Vereinigung hervorgeht.

Diese Kraft breitet sich nun in deinem ganzen Körper aus, erfüllt jede Zelle, durchströmt dich, wärmt dich. Genieß dieses Gefühl, so völlig von der Kraft des Himmels und der Kraft der Erde erfüllt zu sein.

Nach einer Weile wendet sich der Drache wieder an dich:
»Nun spürst du meine Kraft. Nun weißt du, wie es sich anfühlt, ein Drache zu sein. Du kannst dich immer wieder mit

dieser Kraft verbinden, dich immer wieder von ihr durchströmen lassen, immer wieder dein Zuhause spüren, die Erde unter dir, den Himmel über dir.«

Du stehst auf, verbeugst dich vor dem Drachen und bedankst dich.

Nun wird es Zeit, dich zu verabschieden. Sage dem Drachen Lebewohl, und vertraue darauf, dass du seine Kraft immer wieder in dir selbst entdecken kannst.

Der Drache nickt dir zu, erhebt sich in die Lüfte, wird immer kleiner, je weiter er sich entfernt, und verschwindet schließlich ganz. Sein Leben fließt voller Leichtigkeit mit dem Tao – nicht einmal ein Abdruck von ihm ist im Gras zurückgeblieben.

Du stehst in der Landschaft deiner Seele, atmest ein, atmest aus …

Angekommen im Augenblick, mit der Kraft des Drachen in deiner Mitte, in deinem ganzen Körper. Himmel und Erde vereint in dir, ganz im Tao ruhend.

Öffne nun langsam deine Augen.
Möge dein Leben im Fluss sein, möge dein Leben dich mit tiefer Zufriedenheit beschenken.

RÜCKKEHR ZUM DRACHEN DER ACHTSAMKEIT

Abschied vom Drachen der Weisheit zu nehmen, fiel dem Wanderer schwer, doch zugleich freute er sich darauf, zurückzukehren. Und er freute sich darauf, dem Drachen erneut zu begegnen, den er zuerst getroffen hatte und der ihn auf die weitere Reise von einem Drachen zum anderen geschickt hatte. Er wanderte zwei Wochen in Richtung des Fischerdorfes, wo er sich vor Ewigkeiten, wie er meinte, bei dem älteren Ehepaar ausgeruht hatte. Chen Lus Fell war inzwischen fast komplett nachgewachsen, und man sah ihr so gut wie gar nicht mehr an, dass sie einmal ernsthaft krank gewesen war. Sie war zu einem gesunden, jungen Hund geworden, der eifrig voransprang, immer aber seinen menschlichen Freund im Auge behielt.

Auch der Wanderer hatte sich verändert. Aus einem rastlosen Suchenden, der immer den nächsten Tag, das nächste Ziel und die nächste Frage im Blick hatte, war jemand geworden, der einfach einen Schritt vor den anderen setzte, die Landschaft und das Gehen genoss. Seine Reise war nun eher zu einem langen Spaziergang geworden, der jeden Tag aufs Neue begann.

Eines Abends, er hatte gerade ein Feuer entzündet und einen Topf mit Suppe aus Brennnesseln, Kräutern und Pilzen aufgesetzt, hörte er eine wohlbekannte Stimme hinter sich.

»Das riecht gut«, sagte der Drache.

»Ich werde mich wohl nie daran gewöhnen, dass sich Wesen, die so groß wie ein Haus sind, so anschleichen können«, meinte der Wanderer und drehte sich erfreut um. Er strahlte über das ganze Gesicht, und auch der Drache freute sich sichtlich über das Wiedersehen.

Der Wanderer hätte den Drachen der Achtsamkeit gern umarmt, aber das war aufgrund seiner Größe schlecht möglich, sodass er sich damit begnügte, die riesige Pranke zu berühren. Der Drache tippte die Stirn des Wanderers mit seinen blauen Barteln an, berührte auch dessen Herzgegend.

»Ich habe viel von deinem Weg gehört«, sagte er. »Du siehst verändert aus, dein Atem ist ruhiger, dein Bauch entspannter.«

»Ich fühle mich gut, ja. Und ich bin voller Dankbarkeit, das alles erleben zu dürfen. Ich habe so viel gelernt, ich wüsste gar nicht, wo ich anfangen sollte, zu erzählen.«

»Das brauchst du auch nicht. Meine Brüder haben mir alles berichtet, von dem Segen des alten Drachen bis zu der Vollkommenheit der ersten Schneeflocken. Auch von Chen Lu haben sie mir erzählt. Und ich bin froh, dich noch einmal zu sehen, bevor du dich in deine Heimat aufmachst.«

»Du hast gesagt, dass wir uns auf jeden Fall wiedersehen – und ich war mir ganz sicher, dass das geschehen würde.«

»Das Vertrauen wächst in dir«, sagte der Drache. »Die Dinge geschehen, wenn wir offen sind.«

Der Wanderer löffelte seine Suppe direkt aus dem Topf.

»Ich würde dir etwas anbieten, aber das ist wohl nichts für dich …«

»Nein«, lachte der Drache, »aber ich danke dir dennoch. Sag, würdest du mir einen Gefallen tun?«
»Natürlich«, erwiderte der Wanderer sofort.
»Ich würde gern ein paar Tage mit dir in diesen Bergen meditieren, dich vielleicht ein paar Meilen in die Richtung begleiten, die du einschlagen musst, mit dir reden und diesen Teil deiner Reise zu einem Abschluss bringen.«
»Das ist kein Gefallen, den ich dir tue, sondern eine große Freude und Ehre für mich«, sagte der Wanderer. Sie saßen noch eine Weile beisammen, erfreuten sich an der Gegenwart des anderen, tauschten sich schweigend aus und ließen die freundschaftliche Stille zwischen sich wirken, bevor sie sich alle drei zum Schlafen niederlegten.

Die nächsten Tage vergingen in einer sanften und beruhigenden Routine. Morgens meditierten der Wanderer und der Drache gemeinsam, machten danach einen stillen und achtsamen Spaziergang, auf dem Chen Lu sie begeistert begleitete, um dann um die Mittagszeit erneut zu meditieren. Der Wanderer sammelte Beeren, Pilze und Kräuter für seine Mahlzeiten, dann gingen sie wieder ein Stück, schlugen das Nachtlager auf, meditierten, der Wanderer kochte und aß etwas, und nach einem langen Gespräch am Feuer schliefen sie schließlich ein.
Während ihrer Spaziergänge und Wanderungen in Richtung Westen nahmen sie sich immer viel Zeit, um in aller Stille die Natur zu beobachten. Sie lauschten den hohlen Rufen der Waldohreule, die zwischen den mittlerweile kahlen Bäumen widerhallten, und sahen das eine oder andere Eichhörnchen, das sich auf dem Weg zu einem der im Herbst angelegten Lager mit Nüssen befand. In den Morgen- oder Abendstunden sahen sie die kleinen, mit ihrer

winterlichen Halsmähne angetanen Sikahirsche, die an kargen Ästen und Zweigen knabberten.

Ruhig flossen die Tage dahin, und der Wanderer spürte, wie er noch einmal tiefer in seine eigene Mitte hineinsank. Die Gleichförmigkeit der winterlichen Landschaft und des immer gleichen Tagesablaufs ließ seinen Geist mühelos im Augenblick verweilen. Atmen und Gehen waren völlig im Einklang, die Welt war still und leise.

»Dinge, die wir regelmäßig wiederholen, können zu einem Zuhause für uns werden. In der achtsam wiederholten Handlung können wir Ruhe finden und unsere Mitte, aus der heraus wir spontan agieren können, wenn die Umstände es erfordern«, sagte der Drache eines Mittags, während sie an einem lang gezogenen Hügel entlanggingen.

»Ich merke, wie ich in diesen Tagen noch mehr Ruhe als zuvor finde«, antwortete der Wanderer und ließ seinen Blick über die scheinbar schlafende Landschaft schweifen.

»Deshalb möchte ich dich bitten, weiterhin deine Meditation regelmäßig zu machen und deinen Tag sanft zu strukturieren. Das gibt deinem Geist mehr Freiheit, als du ahnst. Behalte das bei, wenn du in deine Heimat zurückkehrst. Finde immer wieder deine Mitte, und lebe wie ein Drache!«

»Das werde ich tun. Und ich werde mich immer wieder an meine Zeit hier erinnern, an den ruhigen Atem der Drachen, an eure Weisheit und Güte, an eure Erdhaftigkeit und euer müheloses Schweben am Himmel, eure Achtsamkeit und euer Lachen.«

Sie gingen noch ein Stück weiter, und der Wanderer spürte, dass nun der endgültige Abschied von dem Drachen nahte. Er sah neben sich, wie dieses grünblaue Wesen sich bewegte. So riesig und doch so anmutig, so voller Kraft und doch so friedfertig.

»Es ist Zeit«, sagte der Drache mit seiner sanften Stimme. »Geh nun, nimm die südliche Route durch Indien, den Vorderen Orient, vorbei am Schwarzen Meer und dann nach Hause. Lass dir Zeit, genieß die Reise, und spiel unterwegs viel mit Chen Lu. Wer weiß, vielleicht triffst du eines Tages ja auch auf die Drachen des Westens und kannst dir selbst ein Urteil über sie bilden.«

Der Drache lachte, aber ein wenig Wehmut klang in seinem Lachen mit.

»Lebewohl«, sagte er und deutete eine Verbeugung vor dem Wanderer an.

»Danke für alles«, erwiderte dieser und sah zu, wie der große Drache sich in die Lüfte schwang, sich nach Osten wandte und immer kleiner wurde, bis er völlig im Nebel in den Bergen verschwand.

Der Tag war kalt und klar, die Hündin bellte und wollte weiterlaufen – ganz gleich, wohin. Wolken zogen am Himmel entlang, und irgendwo erklang der Ruf einer Wildgans, während die Sonne nach Westen wanderte. Der Wanderer folgte ihr, begab sich auf den langen Weg nach Hause, immer einen Schritt nach dem anderen, jeder in sich vollkommen, jeder in sich vollendet.

Die Reise des Wanderers ist noch nicht zu Ende, doch hier verlassen wir ihn und Chen Lu. Er wird weitergehen, das Geräusch des Schnees unter seinen Füßen hören, seinen Atem als kleine Wölkchen in der Luft sehen, mit dem Hund spielen, meditieren und irgendwann seinen Platz finden.

Seine Meditation dient nicht dazu, Erleuchtung zu finden und vermeintlich besser zu werden, sondern nur dazu, den Raum in sich offen zu halten. Den Raum, in dem der Fluss des Tao bemerkt werden kann. Achtsam für diesen Raum zu sein, achtsam für diesen Augenblick zu sein und die Welt mit neuen Augen zu sehen – das ist das Herzstück dessen, was er bei den Drachen gelernt hat und was wir miterleben konnten.

Und wenn diese Achtsamkeit auch spontan entsteht, sich einfach zeigt und unser Herz so sehr weitet, dass alles, was ist, darin Platz hat, so ist es dennoch gut, uns für diese Augenblicke bereit zu machen. Ich scheue mich fast davor, in diesem Zusammenhang den Begriff »regelmäßige Praxis« ins Spiel zu bringen, aber ich weiß, dass die tägliche Meditation unseren Geist immer wieder in diesen Zustand der Offenheit zu bringen vermag, der das Erkennen des allgegenwärtigen und dennoch verborgenen Tao erst möglich macht. Natürlich ist es auch oder vor allem die formlose Meditation, die uns dem Tao nahe sein lässt. Die Momente, in denen wir im Morgennebel an einem See sitzen und ein Schwanenpaar heransegelt und leise im Wasser landet. Die Momente, in denen ein Kind uns einen Kieselstein schenkt, der so gewöhnlich und so kostbar zugleich ist. Die Momente, in denen uns an einem lauen Sommerabend ein warmer Wind berührt, während über uns eine kleine Fledermaus lautlos auf Beutefang geht.

Und dennoch: Die formale Meditationspraxis beruhigt und klärt unseren Geist so weit, dass wir mehr und mehr fähig werden, den Zauber, der in diesen Momenten liegt, wahrzunehmen. Wir sind dann in der Lage, das Schwanenpaar wirklich zu sehen und den Nebel zu lieben, wirklich das Kind zu sehen und sein Geschenk dankbar annehmen zu können, wirklich die Fledermaus zu erblicken und über ihre Anmut staunen zu können.

Viele Menschen sagen, dass sie keine Zeit hätten, dass ihr Tag schon so mit Verpflichtungen gefüllt sei, dass eine regelmäßige spirituelle Praxis auf gar keinen Fall mehr möglich sei. Natürlich sind wir in unserer Gesellschaft alle sehr eingespannt – und Spiritualität soll den Druck, der teilweise auf uns lastet, nicht noch erhöhen. Doch wenn wir eine Achtsamkeitspraxis in unser Leben integrieren, kostet uns diese keine Zeit, sondern schenkt uns eher Zeit. Da wir in der Lage sind, Momente bewusst wahrzunehmen und die Schönheit in ihnen zu entdecken, werden unsere Tage reicher und erfüllter. Wir erwachen für das Wunder des Augenblicks, sind der Welt näher und schaffen die Voraussetzungen für ein waches Leben. Unsere Reise verändert sich – und wie die Schritte des Wanderers werden auch unsere Schritte in sich vollkommen, in sich vollendet.

SCHLUSSWORT: DIE DRACHENENERGIE IM ALLTAG

Die Reise unseres Lebens zu einer spirituellen Reise werden zu lassen, bedeutet in vielerlei Hinsicht, die Kräfte der Erde und des Himmels zu vereinen oder, um es mit anderen Worten auszudrücken, zum Drachen zu werden!

Zum einen geht es darum, diese Kräfte, die uns lebendig machen, wahrhaft zu spüren, wie wir das in der Übung »Die Kraft der Drachen in dir erwecken« (S. 207 ff.) erfahren haben. In uns können die Festigkeit der Erde, das Geerdet-Sein und die Weite des Himmels, die Offenheit, lebendig werden.

Zum anderen sind Erde und Himmel auf dem spirituellen Weg aber auch gerade in unserer westlichen Kultur Symbole für unterschiedliche Zugänge zur Welt. Die Erde als Sinnbild der Natur, des Diesseits, der Erdhaftigkeit und Körperlichkeit, der Himmel als Bild für das Geistige und auch das Jenseits. Der Mensch ist Wesen beider Welten bzw. ein Wesen, das erkennen kann, dass diese beiden Welten eine Ganzheit bilden. Und wir brauchen beide Welten, wenn wir wirklich hier sein und unseren Platz einnehmen wollen, wenn wir furchtlos ganz wir selbst sein wollen.

Wir brauchen die Erde, um Wurzeln zu schlagen, unsere Körperlichkeit zu feiern, unsere Sexualität zu genießen, um anzukommen, selbst verlässlich zu sein und unsere Mitte nicht zu verlieren. Wir brauchen aber auch den Himmel, um uns ausstrecken zu können, immer weiter in die Weite hineinwachsen zu können, unseren Geist zu klären und offenen Blickes zu sein.

Wie ein Drache wohnen wir achtsam der Vereinigung dieser Kräfte in uns bei, erfahren Vertrauen in uns selbst, unseren Weg und die Welt. Wir sind zufrieden mit dem, was dieser Augenblick offenbart, nehmen unsere Unvollkommenheit an und finden in ihr Stärke, entdecken und entwickeln unser Mitgefühl durch achtsames Sein in der Welt, müssen uns selbst nicht mehr durch Rollen und Masken definieren und kümmern uns in angemessener Weise um unseren Körper. Wir erleben stilles Glück, weiten unser Herz und öffnen uns unserer eigenen Weisheit, sind in Kontakt mit den Elementen und nehmen schließlich furchtlos und voller Würde den Platz ein, der uns zusteht.

Das Leben eines Drachen ist ein zufriedenes Leben – und dieses höchste Glück können auch wir erfahren.

Wer das Tao kennt, wird still. Er hat Geduld und wartet, lässt das Wasser in Ruhe, bis es von selbst klar wird, handelt dann ganz spontan, der Situation angemessen und hilfreich. Er klammert sich nicht an Ideen und Konzepte, auch nicht an eine Idee vom Tao oder gar an einen Tao-ismus.

Wie ein Drache wird er selbst immer mehr zum Tao, ohne sich selbst und das Geheimnis des Seins je erklären zu können oder zu wollen:

»Das Tao ist immer in sich ruhend. Es bezwingt, ohne zu kämpfen, antwortet, ohne ein Wort zu sagen, (…) vollbringt, ohne zu planen.« (Vers 73)

Wer das Tao kennt, wird innerlich zum Drachen. Er ist – und ist zufrieden damit, ein Teil dieses Zaubers zu sein, der sich in immer neuen Formen ausdrückt und das Universum mit Schönheit erfüllt.

DANKSAGUNG

An einem Buch sind immer mehr Menschen beteiligt als nur der Autor. Allen, die auf die eine oder andere Weise zum *Tao des Drachen* beigetragen haben, gebührt mein Dank:

Heidi und Markus Schirner waren wie immer offen für meine Ideen und haben diese vorbehaltlos unterstützt. Claudia Simon hat das Projekt voller Humor und Sachkenntnis begleitet, während Simone Fleck ein großartiges Cover und ein ebensolches Layout für den Innenteil gestaltet hat.

Maren Schneider danke ich ebenso für ihr wunderbares Vorwort wie für unsere inspirierenden Gespräche. Ich bin sehr froh über unseren Kontakt und unseren Austausch.

Weitere Gesprächspartner waren wie immer meine Freunde Arno Gerkowski, Philip Carr-Gomm und Séan ÓLaoire. Ihre Impulse sind immens wichtig für mich!

Auch Christian Köhler war mir wieder eine große Hilfe bei den Aufnahmen der Meditationen und der Musik der beiden zu diesem Buch gehörenden CDs.

Meine Töchter Caja und Lale Behrmann werden wohl stets meine größten Inspirationsquellen sein. Meine Zeit mit ihnen verbringen zu dürfen, ist das größte Geschenk, das mir dieses Leben gemacht hat.

Ein besonderer Dank an meine Frau Jennie Appel, die mir den Raum gegeben hat, das zu tun, was ich liebe. Gemeinsam mit ihr auf dem Weg zu sein, lässt mich den Segen der Welt intensiver spüren!

ÜBER DEN AUTOR

Dirk Grosser liebt lange Spaziergänge, Hunde, Wälder, Berge, das Meer und das Schreiben. Sein eigener spiritueller Weg ist beeinflusst von der Philosophie der Antike, der Naturmystik von Autoren wie Thoreau, Emerson, Whitman und Muir, dem frühen Taoismus, Meditation und eigener Naturerfahrung. Eine weitere große Leidenschaft ist die Musik: Er hat in verschiedenen Bands gespielt, an den Soundtracks zu zwei Dokumentarfilmen mitgewirkt, spirituelle Seminare auf Percussion-Instrumenten begleitet sowie mehrere CDs veröffentlicht. Zudem gibt er Meditationsseminare und berät Menschen in spirituellen Krisen. Er ist Vater zweier Töchter und lebt auf einem Pferdehof am Rande Bielefelds.

LITERATURVERZEICHNIS

Walter Braun: *Auf der Suche nach dem perfekten Tag. Das Tao der Zufriedenheit.* Rowohlt Verlag, Reinbek bei Hamburg 2008

Joseph Campbell: *Der Heros in tausend Gestalten.* Insel Verlag, Berlin 2011

Lam Kam Chuen: *The Way of Energy. Mastering the Chinese Art of Internal Strength with Chi Kung Exercise.* Gaia Books Limited, New York 1991

Matthias Claus: *Laotse und das Tao Te King. Die neue Übertragung der 81 Lehrsprüche des Tao Te King.* Verlag Das klassische China, Weinheim 2006

Thomas Cleary (Hrsg.): *Also sprach Laotse. Die Fortführung des Tao Te King.* O.W. Barth Verlag, München 1995

Thomas Cleary (Hrsg.): *Die drei Schätze des Dao. Basistexte der inneren Alchimie.* Edition Steinrich, Berlin 2012

Khalil Gibran: *Der Prophet.* Walter Verlag, Düsseldorf 1973

Benjamin Hoff: *Tao Te Puh. Das Buch vom Tao und von Puh dem Bären.* Synthesis Verlag, Essen 1984

Zhang Yu Huan & Ken Rose: *Den Drachen reiten. Die kulturellen Wurzeln der traditionellen chinesischen Medizin.* O.W. Barth Verlag, München 2001

Chungliang Al Huang: *Tai Ji. Ganzheitlich leben.* Gräfe und Unzer Verlag, München 1988

Laotse: *Tao Te King. Eine zeitgemäße Version für westliche Leser.* (übersetzt und kommentiert von Stephen Mitchell) Goldmann Verlag, München 2003

Laotse: *Tao Te King. Das Buch vom Sinn und Leben* (übersetzt und kommentiert von Richard Wilhelm), verschiedene Verlage und Jahrgänge

William Martin: *Das Tao Te King für Eltern.* Aurum Verlag, Bielefeld 2005

William Martin: *Das Tao Te King der Weisen.* Aurum Verlag, Bielefeld 2008

Thomas Merton: *Sinfonie für einen Seevogel. Weisheitstexte des Tschuang-tse.* Herder Verlag, Freiburg i. Br. 1996

Sakyong Mipham: *Den Alltag erleuchten. Die vier buddhistischen Königswege.* Deutscher Taschenbuch Verlag, München 2007

Maren Schneider: *Seelenstärke. Der achtsame Weg zu Regeneration und Heilung.* Kailash Verlag, München 2014

Maren Schneider: *Stressfrei durch Meditation. Das MBSR-Kursbuch nach der Methode von Jon Kabat-Zinn.* O.W.Barth Verlag, München 2012

Raymond Smullyan: *Das Tao ist Stille.* Fischer Verlag, Frankfurt a. M. 1994

Gerhardt Staufenbiel: *Heilige Drachen. Band 1. Alte Welt – Indien – China.* Verlag Tredition, Hamburg 2012

Brian Swimme: *Das Universum ist ein grüner Drache. Ein Dialog über die Schöpfung und die mystische Liebe zum Kosmos.* Aurum Verlag, Bielefeld 2007

Jun'ichiro Tanizaki: *Lob des Schattens. Entwurf einer japanischen Ästhetik.* Manesse Verlag, München 2010

Hsu Yun & Jy Din Shakya (Hrsg.): *Leere Wolke. Die Unterweisungen des Chan-Meisters Hsu Yun.* Mumon-Kai Verlag, Berlin 2013

Alan Watts: *Weisheit des ungesicherten Lebens.* Fischer Taschenbuchverlag, Frankfurt a. M. 2009

Alan Watts: *Der Lauf des Wassers. Eine Einführung in den Taoismus.* Knaur Verlag, München 2011

BILDNACHWEIS

Alle im Folgenden aufgeführten Grafiken stammen von Shutterstock, www.shutterstock.com.

S. 9: 60164902 (hkomala); S. 12: 41070943 (szefei); S. 17: 121378711 (kojihirano); S. 22: 74680342 (iBird); S. 30: 64115869 (Tairy Greene); S. 41: 119493961 (Lina Balciunaite); S. 51: 64361812 (Jakrit Jiraratwa-ro); S. 57: 148747547 (sNike); S. 63: 54182041 (iBird); S. 73: 139779568 (Paisan Changhirun); S. 79: 54182047 (iBird); S. 87: 110777036 (leungchopan); S: 92: 110498105 (tratong); S. 96: 204153007 (ehrlif); S. 103: 78842179 (Dimdok); S. 109: 159716204 (lzf); S. 114: 44072431 (shupian); S. 129: 139617653 (Tutti Frutti); S. 139: 151936031 (jeky-ma); S. 144: 205008133 (artpritsadee); S. 155: 205368502 (osobu); S. 165: 60244306 (Poznukhov Yuriy); S. 170: 110541317 (Triff); S. 179: 78212725 (Gang Liu); S. 188: 193093967 (STILLFX); S. 196: 62221651 (iBird); S. 201: 94876918 (GuoZhongHua); S. 206: 105477200 (Hyde Peranitti); S. 215: 171906911 (Silviu Matei); S. 220: 83154712 (Kongsak); Drachen-Vektor auf verschiedenen Seiten: 102449120 (polar)

Ebenso erschienen im 

Die CDs zum Buch

Dirk Grosser
Der Weg des Drachen
Meditationen zur Begegnung mit der Ur-Kraft

Audio-CD, ca. 80 Min.
ISBN: 978-3-8434-8287-5

Drachen sind Symbole urwüchsiger Kraft. Sie können uns zeigen, wie es sich anfühlt, von Energie und Selbstsicherheit erfüllt zu sein. Die vier geführten Meditationen auf dieser CD lassen uns an diesen Energien teilhaben, sie in unseren Alltag überführen und dort leben.

Dirk Grosser
Der Tanz des Drachen
Dynamische Trommeln für die innere Kraft

Audio-CD, ca. 60 Min.
ISBN: 978-3-8434-8288-2

Diese CD bietet fünf hochenergetische, tanzbare Stücke, die uns mit unserer eigenen inneren Kraft und den Drachen der Elemente verbinden. Donnernde Trommeln, klare Flöten und mitreißende Rhythmen führen uns zu den einzelnen Drachen und bringen unsere Drachenkraft zum Klingen.